「週刊文春」編集長の仕事術

新谷学

「週刊文春」編集長
SHINTANI MANABU

ダイヤモンド社

「週刊文春」編集長の仕事術

はじめに　私が「仕事術」よりも大切にしていること

昨年秋、ダイヤモンド社の編集者から「本を書いてほしい」という手紙が届いた。最初は多忙を理由に断ろうと思った。それに、週刊誌の編集長の仕事について知りたい人がどれほどいるのかも疑問だった。

しかし、考えてみれば**「人に会い、情報を集め、交渉し、わかりやすく伝え、人の心を動かす」**という我々が日々行なっているこれらの作業は、他の仕事にも通ずる。雑誌の編集長というと特殊な職業のように聞こえるが、実際はそんなことはない。仕事の本質、核の部分は、他の職業と全く変わらない。むしろ、ビジネスの根幹である「人と人の関わり」を究極的に濃密に日々行なっているのが我々の仕事なのだ。

依頼してきた編集者も**「日々大量の仕事をさばき、最高のパフォーマンスを発揮する編集長の仕事術は、あらゆるビジネスパーソンに役立つはずだ」**と言う。そこで私はこの本を書くことに決めた。

本書の内容は以下のとおりである。
1章は**「情報／人脈」**について書いた。あらゆるビジネスは「人」が全ての始まりである。我々がどのように人間関係を構築し、情報を入手しているかを詳らかにしたい。
2章は**「企画／発想」**だ。度肝を抜くスクープや話題になるような企画を立てるときに、我々がどんなアプローチをしているのかをまとめた。
3章は**「依頼／交渉」**である。あらゆる取材は一筋縄ではいかない。難攻不落の相手の心をどうやって開かせるか。「不可能」を「可能」にする、その舞台裏や心構えをお伝えしたい。
4章は**「組織／統率」**。仕事は一人では決して完結しない。編集長の私だけでは何もできない。デスクや記者に気持ちよく働いてもらい、継続的に結果を出すチームを作る上で必要なことについてまとめた。
5章は**「決断／覚悟」**について。あらゆるビジネスにはリスクが付きものだ。我々が「週刊文春」を作る上で、いかにリスクと向き合いながら決断を下し、どんな覚悟で記事を掲載しているのかを述べた。
6章は**「戦略／本質」**と題し、週刊文春の戦略についてまとめた。出てくる話はメディアに関することだが、マーケティングやビジネスの本質にも言及したつもりだ。

ひとつ、予め断っておきたいことがある。「仕事術」などというタイトルの本を書いておきながら無責任かもしれないが、私自身は「スキル」や「ノウハウ」を意識して仕事をしてきた覚えはない。

1989年に文藝春秋に入って28年。「Number」、「マルコポーロ」、月刊「文藝春秋」などの編集部を経て、2012年から週刊文春の編集長をしているが、そのあいだスキルやノウハウといったものとは全く無縁の編集者人生を送ってきた。ただ、自分がおもしろいと思う感性に従って、目の前の仕事をがむしゃらにやってきただけなのである。

世の中で起こっている様々な出来事、あるいは話題の人びと。それらを**「おもしろがる」気持ちがスキルやノウハウよりも大切だ。**世の中の空気を肌で感じ、あらゆるモノゴトに敏感になること。それが、全ての原点である。

今は先行きの見えない時代だ。特に我々の出版業界は「出版不況」と言われて久しい。しかし、こういう時代だからこそ、とにかくおもしろいものを追求する。人がやったことのないものに挑戦する。そういう精神が大切なのだと思っている。「不況」という言葉の前に思考停止になり、縮こまっていては何も始まらない。「今は売れない時代だし……」「そんなにお金もかけられないし……」などと**「不況」**を**「おもしろいものを作**

れないことの言い訳」にしてはいけない。本当におもしろいものを作れば、人の心に響き、きちんとビジネスにもなるし、負のスパイラルを逆回転させることもできるはずなのだ。

私はスキルやノウハウを意識してきたわけではなく、とにかく仕事に「体当たり」してきた。とはいえ今回、本を書く上で自分の仕事の仕方を客観的に見つめる機会を得て、私なりのやり方があることがわかった。それを余すことなくご紹介したのが本書、というわけだ。

週刊文春がやっていることは、極めてシンプルである。**毎週いいネタをバンバン取って来て、「フルスイング」する。**スクープを連発して部数を伸ばし、世の中の注目を集める。いいものを作るために全身全霊を捧げる、という「正攻法」でここまでやってきた。それによって多くの読者の支持を得たことが素直にうれしかった。

私が編集長になった年は、いきなり2号連続で完売した。「小沢一郎　妻からの『離縁状』」と翌週の「巨人　原監督が元暴力団員に一億円払っていた！」である。独自ネタでの2号連続完売は創刊以来、初めてのことだった。

ただ、その後は自信のあるスクープも多くあったが、完売はなかなか出なかった。

「ＡＳＫＡ氏の覚せい剤疑惑」「佐村河内守氏の偽ベートーベン事件」「清原和博氏の覚せい剤疑惑」などのスクープは世間をにぎわせたが、それでも完売には至らない。編集長就任当時よりも、さらに雑誌マーケットが冷えてきていると感じた。２０１５年には、春画を掲載したことが原因で三カ月の「休養」を命じられた。現役編集長への休養命令は異例だったためか、新聞など多くのメディアが取り上げることになった。

捲土《けんど》重来《ちょうらい》を期した２０１６年、復帰最初の号。「ベッキーさんの禁断愛」を報じて多くの話題を呼んだ。「本当に読者が興味を持つものならいける！」と久しぶりに手応えを感じた。そして、年明け3号目の「甘利明氏の金銭授受疑惑」「ＳＭＡＰ裏切りと屈伏」で遂に完売となったのだ。実に2年4カ月ぶりの完売であった。「やはり私たちが目指している方向は間違っていない」。そう確信できた瞬間だった。当然ながら、作った雑誌が多くの人びとの心をつかめば記者も喜ぶし、編集部の士気も上がる。情報提供の量も倍増するから、持続的にスクープを出すことができる。今、その好循環が生まれつつある。

雑誌はおもしろくなければいけない。ただ一方で「おもしろければいい」「売れればなんでもいい」とは全く思っていない。ペンの影響力がまだまだ健在であることを実感した一方で、報じられた側が必要以上にバッシングを受ける時代であることも痛感させられた。おもしろさを追求するだけではなく、ペンの力をいかに行使するのか。さらなる自覚が必要だと考えている。

なにより私は人間が好きだ。人間が織りなす数々のドラマは本当におもしろい。毎週「人間が主役」の週刊文春を作ることは、本当におもしろいのだ。そのおもしろさをみなさんに伝えたい。そしてみなさんが、**それぞれのバッターボックスで「フルスイングしてみようか」という気持ち**になってくれたら著者として最高にうれしい。

2017年3月「週刊文春」編集長　新谷　学

目次

第2章
予定調和はおもしろさの敵である

企画／発想

第3章
難攻不落の相手から「YES」を引き出す
依頼／交渉

第4章
ヒットを生み続けるチームはこう作る

組織／統率

139

第5章
リスクを恐れず壁を突破する
決断／覚悟
189

第6章
「売れない」時代のマーケティング
戦略／本質

第1章

全てのビジネスは「人」から始まる

情報／人脈

「人間対人間」でとことん付き合う

週刊誌作りの原点は「人間への興味」だ。

タフネゴシエイターと高い評価を受けていた大物政治家が大臣室でとらやの羊羹と一緒に現金を受け取ったり、好感度抜群だった女性タレントが禁断の恋に身を焦がしたり、恋愛禁止のはずのアイドルが好きな男の子の前で泥酔したり号泣したり――。

やはり人間はおもしろい。愚かだし醜いけど、かわいらしいし美しくもある。立川談志さんは「落語とは人間の業の肯定である」という名言を遺したが、週刊文春も全く同じ。**「週刊文春も人間の業の肯定」なのである。**

スクープを追う場合も、表の顔、裏の顔も含めて人間を愛し、とことん付き合うことから情報がもたらされる。私は「人脈」という言葉があまり好きではない。人脈という言葉の中には利用したり、されたり、という利害関係の臭いがするからだ。あらゆる仕事の原点は「人間と人間の付き合いだ」ということを忘れてはいけない。相手をネタや情報源として見たら、スクープは獲れない。

新聞、テレビなど、多くのメディアは、事件を「人間」ではなく、「図式」で見ているのではないだろうか。相関図を描いて「こっちが贈賄側、こっちが収賄側」と、そこに登場する人物を、とりあえず一人ひとりあたって潰していく。まるでパズルを解くようにマニュアル的に取材しているのではないか。

しかし、通り一遍のアプローチでは人間はしゃべらない。事件の当事者である人間そのものと真正面から向き合って、**人間対人間のとことん深い付き合いをして信頼関係を得た上で口説かなければ、本当の情報は取れない。**スクープを獲れるかどうかは、その努力をするかしないかの差なのだ。

元巨人軍の笠原将生投手が野球賭博で逮捕された事件があった。２０１５年に失格処分になった後に、多くのメディアが彼にインタビューを依頼した。しかし、本人はどこにも応じなかった。

週刊文春の記者は、何とか彼に食い込んで接触しようと考えていた。人づてにいろいろ調べていくと、笠原氏はカラオケバーでアルバイトをしていることがわかった。記者はそこに客として通い詰めた。歌ったり飲んだりしながら、笠原氏とだんだん顔見知りになり、「人と人」として仲良くなった。「今度麻雀しましょうか」という話になり、彼と徹マンまでしたという。

そうして信頼関係が築けたところで「実は週刊文春の記者なんです」と告げた。笠原氏は当然のけぞったが、そこで「ウチで全部本当のことをしゃべってください」とお願いした。もちろんすぐに承諾してくれたわけではないが、自らも野球少年だったその記者の熱意が最後には通じた。笠原氏は「わかった。あんたいい人だし、信用できるからしゃべるよ」と言ってくれた。「ぼくも読売から直接ファンの人に向けてお詫びする機会をもらえなかったんで、しゃべります」と。笠原氏はそれだけではなく「じゃあ、後輩にもしゃべらせます」と、同じく失格処分になっていた松本竜也投手にも告白するよう説得してくれた。そうした取材の流れの中で高木京介投手の名前も出てきて、巨人軍の渡邉恒雄氏が球団最高顧問を辞任する事態にまで発展したわけだ。

なぜ週刊文春の記者がこうして証言をとることができたのか。それは、事件をマニュアル的に考えていなかったからだろう。

事件は「人間」が起こすものである。図式でもマニュアルでもない。人間として「がっぷり四つ」で付き合って、胸襟を開かせ、口説き、口を開かせて初めて我々の仕事になる。人間に気に入られて、人間にかわいがられてしゃべってもらうことが、我々の仕事なのだ。そのための努力を惜しんではいけない。

本当の信頼は「直接会う」ことでしか生まれない

情報は全て「人」から「人」にもたらされる。「人」が寄ってくれれば、「情報」が集まってくる。週刊文春では、そういう求心力をずっと大切にしている。

元週刊文春編集長で現在は「月刊Ｈａｎａｄａ」編集長の花田紀凱さんも週刊文春のことを「磁石のような雑誌だ」とよく言っていたが、そうあり続けたいと思う。そして人が集まってくるような場を作るには、「一緒にいるとおもしろいことができそう」と思ってもらえることが大切なのだ。

本当の信頼関係は、やっぱり直接会わないと生まれない。最近は記者もよくＬＩＮＥなどで情報交換しているというが、基本はやはり会って話すことだ。サシで会って話すこと以上の情報交換はない。**相手の表情とか仕草、間合い。そういう温度感も含めて情報だからだ。**「一瞬ちょっと表情が変わった」といったそれも重要な情報である。また、そんなときに第三者がいては本当の話はできない。一対一で、サシで、目と目を見ながら話すべきだ。

私はSNSのたぐいは一切やらない。秘密保持への不安や、時間がないこともあるが、本当の信頼関係はSNSでは築けないというのが大きな理由だ。SNSが普及したことで、**人間関係も「ストック」ではなくて「フロー」になっている**ように思う。多くの人とつながっているように見えるが、個々の人間関係はものすごく浅い。だから、いざというときに力になってくれる人が実はあまりいないのではないか。やはり基本は会うことだ。それが難しいときは電話で話す。今では原始的と思われるような関係性をいちばん大切にしている。

私は今でも毎日新しい人に会うよう心がけている。「人と会う」ことは編集者の基本だ。それが面倒くさくなると、編集者としては失格だろう。「未知の人と会うこと」をおもしろがる。特に昨年以降、週刊文春が話題にのぼることが増えたおかげで、本当にいろいろな世界の方から様々なお話をいただくが、なるべく門戸は閉ざしたくない。新聞、テレビ、ネットなどのマスコミ関係者、作家、映画監督などのクリエイター、企業の広報担当者から、政治家、捜査当局者、芸能プロの社長さんまで、編集者はお座敷がかかるうちが花なのだ。

講演やパーティでもなるべくたくさんの方と名刺交換するようにしている。おそらく1年で1000人以上の方と名刺交換していると思う。年賀状も1000通くらい出す。

もちろんリスクコントロールは必要だが、なるべく幅広く付き合うように心がけている。

夜の会食は、水、木、金曜日が多い。土曜日も会食するが、夕方に会議があり時間が読みづらいため、気をつかわない相手と約束することが多い。

週刊文春は火曜日が特集記事1折の校了（印刷所に原稿を入れる締め切り）のため、火曜には会食の予定は入れられない。以前、ある大物政治家と火曜日の夜に約束して、ドタキャンしたことがあった。多忙を極める相手に大変申し訳ないことをしてしまった。

月曜は夜までに2折と中吊り（電車内の吊り広告）の校了があるため難しい。夜10時ごろ近所のホテルに入り、翌朝9時ぐらいに出社して最終の校了に向けてギリギリの作業が続く。日曜日も夜遅くまで中吊りを作るため予定は入れられない。

最近は誘っていただくことも多いが、若い頃は積極的にいろいろな方を誘っていた。本来は会食を入れなくてはいけない木曜日、金曜日に予定が入っていないと、ちょっと不安になったものだ。デスク時代、手帳は1カ月先ぐらいまで埋まっていた。

インテリジェンスな密会は早朝のホテルで

情報収集の原点は「人から人」、インテリジェンス用語で言えば、ヒューミント（人による情報収集活動）である。週刊文春の記者は、取材対象と会う以外にも、日常的にいろんな人と会うようにしている。こちらの都合で用があるときだけ取材に行って「話を聞かせてください」と言っても、おもしろい話は聞き出せない。**用がなくても、幅広く、連日連夜、日常的な付き合いをしておくことが大切なのだ。**

週刊誌の編集者や記者なら誰でも、他人に絶対明かせない「ネタ元」を何人か持っている。まさに墓場まで持っていく関係だ。私もマスコミ関係者はもちろん、政界、官界、財界、さらには肩書きのつけようのない人物も含めて、何人かの大切なネタ元がいる。

そうした人物とは、たいてい人目につかない場所で密会する。密会の場所は様々だ。早朝のホテルで、ヨーグルトとフルーツ、コーヒーだけの朝食をともにすることもあれば、昼や夜に会食することもある。会うのは常に「完全な個室」だ。もちろん入るときと出るときは別々で、必ず時差を設ける。従業員の教育が徹底されていて口の堅い店を選ぶのは言うまでもない。また、ゆっくり会う時間がないときには、時間と場所を決めておいて、すれ違いざまに重要な資料が入った封筒を受け渡すこともある。そうした文書をメールなどでやりとりすることは滅多にない。

かつて、上海総領事館の電信官が中国公安当局から情報提供を強要され、自殺していた事件をスクープしたことがあった。その際は目立たないビジネスホテルの一室に関係者の一人を呼び出した。義理があって、その人物がどうしても断れないルートを使った。ベッドが大半を占拠している狭い部屋で向き合った。彼の警戒感と怯えの色が浮かんだ表情は、今でも鮮明に覚えている。

ネタ元が積極的に情報を提供しようという場合と違って、相手が固く口を閉ざしている事案について聞き出すのは極めて難しい。**こちらがある程度情報をつかんでいることを明かした方がしゃべってくれるケースと、「何も知らないから教えてください」という態度で臨んだ方がうまくいくケースがある。**これは一般論だが、官僚などが相手の場合は前者が功を奏することが多い。一方、政治家には後者。知ったかぶりをせず、相手の懐に思い切って飛び込んだ方がうまくいく。もちろんそれも程度の問題で、基本的なことを何も知らなければ、「忙しいんだ。帰れ！」と言われてしまう。

さすがに怖いもの知らずと思われがちな私でも、ネタ元については、これ以上はとても書けない。怖いというより、そもそも私たちの仕事では、「取材源の秘匿」は何よりも厳しい掟なのである。

ゼロの状態からどうコネクションを作るか

では、全くゼロの状態から人間関係を構築するにはどうすればいいだろうか。私のまだ駆け出しだった記者時代の話をしよう。

週刊文春編集部に初めて異動したのは入社7年目のことだった。週刊文春には通常、新人で配属される。同期も私以外はほとんどが週刊文春の記者からキャリアをスタートした。なのに、私の週刊文春デビューは30歳。圧倒的に遅かった。

異動直後の1995年3月20日。いきなり大事件が起きた。地下鉄サリン事件だ。「やるぞ！」と意気込んでみたものの、どうしていいかわからない。ネタ元も一人もいない。事件のドキュメント記事は書いたが、いい企画は出せない。新聞記者の友だちもほとんどいないし、ましてや警察官なんて全然知らない。時代が「オウム真理教」一色になっていく中で、しばらくはオウムと関係ない記事を書いたり、原稿を書く記者をサポートする「アシ」についたりして、悶々とする日々が続いた。

あの頃、本当に情報を持っていたのは一部の特派記者（一年契約の専属記者）と一部のベテラン社員だけだった。彼らはいつも集まって、ひそひそと情報交換をしている。知らない人が近づくと、ピタッと話をやめる。排他的なのだ。その情報格差が悔しかった。「あれが今のこの雑誌の中心なのか」「俺もあの中に入りてえな」と思っていた。ジャーナリストの麻生幾さんや友納尚子さんといった警察に強い特派記者や事件の得意な社員が集まってひそひそ話をしているのを横目に見ながら焦っていた。

そんな状況の中で私はどうしたか。当時、南青山にオウムの道場があったのだが、暇さえあればそこに通っていた。道場の前では、テレビや新聞の記者が常時ベッタリ張っている。そういう人たちに「すみません、ちょっとご挨拶だけでも」などと言って名刺を渡す。「まだ、全然何もわからないんですけど、お時間あったらいろいろ教えていただけませんか」と言いながら名刺交換をするのだ。「今、ちょっと忙しいから」などとあしらわれながらも、一生懸命に名刺を配ってアピールした。たいていは相手にされないが、中にはお茶を飲みながら事件のイロハのイから教えてくれる人もいた。

こういったときに大切なのは図々しさだ。相手もやはり忙しい。本業をやりながらなので、私の相手なんかできないのもわかる。それでも臆せずに接触することだ。

携帯電話もない時代だったため、ポケベルでその人たちを編集部に呼び出したりもした。「なんだお前か」とすぐに電話を切られることもあったが、「ちょっとお時間いただけませんか？」「電話だけでも……」などと食い下がると「忙しいんだよな」と言いながらもちょろちょろと教えてくれることもあった。

そこで聞いた話を土産がわりに、例のひそひそ話のところに持って行くわけだ。「すみません、こんな話を聞いたんですけど」。すると「ああ、そうなの。おもしろいね、それ。じゃあ、俺のほうで裏取ってみようか」と言ってもらえることもある。それがうれしくて「ちょっとだけこの世界に入れたな」と思ったものだ。

ものすごく地道だが、そういうことを1年間ずっとやっていた。1年経ったら、だいぶ景色は変わった。情報コミュニティに少しずつ認めてもらえるようになったのだ。

ただ、**基本的に「情報はギブアンドテイク」だ。**特にその濃密な情報コミュニティに入るにあたっては「教えてください」だけではダメ。そんなことを言っても「なんで俺たちのネタをお前に教えなきゃいけないんだ」となる。とくに特派記者にとって、情報は飯のタネ。とっておきの話を教えるわけがない。プロの記者は共通言語で語れる人間かどうかという目で常に見ている。そこに入って行くためには、彼らの世界の常識をわきまえた上で、自分なりのネタを持って行かないと「素人としゃべってもしょうがねぇよ」と思われてしまう。

袖振り合うも全部ネタ元

取材などで様々な人と出会うたびに、図々しいとうるさがられたりしながらも、その後もコンタクトしようと心がけていた。それを続けていくと、何人かはかわいがってくれる人が出てくる。記者デビューが30歳と遅かったため「後がない」と思ってがむしゃらにやっていた。

今でも現場の記者たちには「袖振り合うも全部ネタ元」だとよく言っている。**どれだけ人に会うか、その出会いをどれだけ大切にするかに尽きる。**ちなみにこの素晴らしい記者の心得を私に教えてくれたのは、「噂の眞相」から週刊文春に移籍したばかりだった西岡研介氏だ。

こんなこともあった。オウム事件を追っていたある日、編集部に情報提供の電話がかかって来た。それはオウム関連ではない電話だったのだが、いろいろ聞いていたら「この話は×××（某テレビ局）の社会部の◯◯さんにもしてるんだけどね」という。「これだ！」と思い、すぐ×××に電話をかけ、「社会部の◯◯さんいますか」と言って呼び出した。「お忙しいところ申し訳ありません。情報提供の件なんですけど」「ああ、その話、俺も聞いたよ」となる。そこで「その件でちょっと1回お目にかかれませんか」とお願いしてみた。すると、その人がすごくいい人で、会ってくれることになった。

ホテルのティーラウンジでお茶を飲みながら私は「情報提供の件もありますが、そもそも私は社会部のような取材をやったことがなくて、オウム事件もよくわからないんです。いろいろ教えてくれませんか」と頼み込んでみた。すると「いいよ、いいよ」という感じで丁寧に教えてくれたのだ。

その人は当時、警察の記者クラブにいた。日曜日の夜など記者クラブのメンバーで食事に行くときに声をかけてくれた。「お前、時間あったら来いよ」と言って、他の記者を紹介してくれたのだ。そうやって、少しずつ人間関係ができていった。**相性がよかったり、情報を持っていそうな人とは、特に用事がなくても「お茶を飲みませんか」「食事をしませんか」とこまめに会う。**日常的な地道な努力が、いざというときに効いてくる。

私は入社当初から若い女性にはモテなかったが、料亭の女将やクラブのママにはよくかわいがってもらった。ときには彼女たちが貴重な情報源になることもあった。

かつて赤坂に元芸者のママが経営する会員制のクラブがあった。小沢一郎氏をはじめとする大物政治家や、霞が関の各省庁の幹部クラス、大手企業の役員、そしてマスコミ関係者も常連に名を連ねていた。このママがなかなか強烈なキャラクターで、客商売とは思えないくらい好き嫌いが激しい。私は30代の頃から通っていたが、虫の居所が悪いと顔を出すなり「最近の文春はつまらないね」とか「新潮に負けてるよ」と言われて嫌な気分になることもあった。

それでも私はめげずに通った。ネタ元との会食の後に一緒に連れて行くこともあれば、一人でも暇さえあれば足を向けた。ママの機嫌がいいと、芸者時代の昔話をしてくれる。大物右翼の児玉誉士夫や田中角栄とは縁が深かったようで、これは他の芸者さんの話だそうだが、「角さんは本当にせっかちで、ズボンを脱ぐのがもどかしくて待ちきれなくてね」などと話してくれた。まさに昭和の裏面史を教えてくれる夜の先生だった。

そんなママとの会話の中からネタを拾うこともあった。ある有力代議士の愛人の話もそうだった。ある土曜日の夕方、パチンコ中のママを喫茶店に呼び出して、張り込んで撮った愛人の写真を確認してもらった。特集班デスクだった私は、ママの「間違いないわよ」の一言に、「よっしゃ今週もイケるぞ！」とこぶしを握りしめたものだ。

ママの強烈なキャラクターのせいか一度行っただけで懲りてしまうお客さんもいて、商売は必ずしも繁盛しているようには見えなかった。それでも御勘定はいつも「学割にしとくから。出世払いでね」と本当に安くしてくれた。血の気の多かった私が新潮社の幹部と大喧嘩になったときには、ママと常連のベテラン参議院議員の二人がかりで止められた。警察官の団体を連れて行きカラオケ大会をしたこともある。

そのママは、がんで亡くなってしまった。最後に病室で「ママ、俺だよ。新谷だよ。俺、絶対、週刊文春の編集長になるから。出世払いさせてよ！」と看護師さんの前だったが構わず必死で話しかけた。自分で自分の人事について口にしたのは、後にも先にもこのときだけだ。結局、出世払いは叶わなかった。

その世界のキーマンにたどりつく方法

「この人は信頼できるな」と思える相手が紹介してくれるのは、かなりの確率で信頼できる人物だ。さらにその人から信頼できる人物を紹介してもらうと、人間関係の相関図はどんどん広がっていく。

例えば、政治部の記者と仲良くなり、かわいがられるようになったとき、「政治家のA氏と親しい」という話が出る。そのとき「じゃあ、今度、ぜひその方もご紹介いただけませんか」と頼んでみる。すると「じゃあ今度は3人で集まろうか」という話になる。

その政治家A氏との付き合いを続けていくと、サシでも会えるようになる。その席で、A氏が「俺の派閥の親分は立派な人で」と口にしたら「では、一度ご挨拶だけでもさせてください」とお願いしてみる。「じゃあ今度、俺が紹介してやるよ」となれば、さらにネットワークは深まっていく。

「この人だ」と思った人物と話していて、共通の知人の名前が出たら、その人を入れた3人で会合をする。もしお互いにとって有益な情報交換ができる手応えがあったら、自分が幹事を引き受けて定期的に会合を開く。これが人間関係を広げるコツだ。

そういうことを続けていくと、だいたい挙がってくる名前が決まってくる。「政治家なら誰」「外務省なら誰」「社会部の検察担当は誰」「警察まわりだと誰」といった具合に。それがその世界の「キーマン」である。キーマンはそんなにたくさんはいない。もちろんそこにたどりつくまでには相応の授業料を払う必要がある。セルフプロモーションがうまくて自分を大きく見せるのが得意な人も多い。そんなときに「信頼できる人が信頼している人は信頼できる」という法則が役に立つのだ。キーマンたちの名前がわかってきたら、その人たちにいかに深く食い込んでいくかが勝負だ。

そして、そのキーマンがとっておきのネタを耳にしたときに「最初に思い浮かべてくれる存在になれるかどうか」が何より重要だ。

キーマンたちは、当然ながらたくさん人を知っている。週刊誌の記者、もっと言えば週刊文春の記者だけでも複数付き合っている。そうした多くの記者たちの中から「このネタを提供するならあいつだな」と思い浮かべてもらえる存在になるのだ。そのために、何もないときでも日常的に一緒に飯を食ったり酒を飲んだりする。その人が「囲碁が好きだ」と言ったらそれに関係する本をプレゼントしたり、「ワインが好きだ」という噂を聞けば「いいお店がありますよ」と誘ってみる。「うちのカミサンが週刊文春の愛読者なんだよ」と言われたら「もしよろしければご自宅のご住所を教えていただけませんか。毎号送らせていただきます」と申し出る。

ちなみに**「自宅を知る」「携帯番号を知る」ことは相手に近づく上で大切なポイント**だ。年賀状でも何でも自宅宛に送る。自宅で会う。すると、奥さんとも話せるようになる。家族ぐるみの付き合いになる。その人からすれば「身内」になってくるわけだ。そうやって食い込んでいく。

昔は、企業の広報なども含めて名刺交換した人には雑誌や年賀状を送りまくった。返事が返って来る人は、多少なりとも「付き合おう」という意思のある人だから、そういう人とは積極的に関係を深めた。ましてやその返事に自宅の住所や携帯番号が書いてある場合、最優先で連絡をとったことは言うまでもない。

VIPが本当に信頼している人を見極める

大企業のトップや大物政治家など、大きな権力や影響力を持っている人には、秘書や広報など何人かの「取り巻き」が必ずいる。その取り巻きの中でも最重要人物は誰なのかを、しっかり見極めないとダメだ。**「誰を通すとすぐ本人に届くのか」「誰からの依頼だと断りづらいのか」**。ホットラインがどこにあるのかを探るのだ。

大きな企業には、秘書室にたいていベテランの女性がいる。この人がキーマンであることが多い。彼女を通せばいちばん話が早いのだ。これはよくある話だが、一般の社員はいかに彼女が重要人物かを知らず、「単なる一秘書」として平気で不躾な態度をとる。当然ながらその社員に関するネガティブな情報はすぐにトップに伝わってしまう。権力の在り処と、情報の流れを把握していなければ取り返しのつかないことになる。

対外的な肩書きとは別に「トップに直結している本当のキーマン」が大きな組織には必ずいる。女性の秘書も含めて「裏広報」や「裏総務」のような百戦錬磨のベテランである。かつては首相官邸にもいたし、自民党の幹事長室にもいた。「トップが誰を信頼しているのか」「どのボタンを押すと直で通じるのか」を把握しておくことは、組織を相手に、あるいは組織の中で仕事をする上で極めて重要なポイントなのだ。

ではキーマンをいかに見極めるのか。私はトップに会ったとき、会話の中で「誰を本当に信頼しているのか」「誰をかわいがっているのか」をさりげなく探る。あからさまに聞かなくても、普通に話していればわかる。例えば「彼女になんとか結婚相手を見つけたいんだよな」といつも言っていたとすれば、それだけ気にかけてかわいがっていることがわかる。**トップが関心を持っている相手、好意を持っている相手は誰なのかということは、真摯にお付き合いしていれば、必ずわかるものだ。**

どんな組織でもトップと広報に会えばたいていのことはわかる。取材の際に広報がメディア側ではなくトップにばかり気をつかっている組織は風通しが悪い。広報がトップに対してものを言いづらい、独裁的な組織だということだ。かつてのNHKはそんな組織の典型だった。

トップになかなか会えない場合は、キーマンを見極める上で、トップに食い込んでいる複数の人たちに接触することもある。ただ、よくあるのは、食い込んでいる人たちどうしが仲が悪いというケースだ。お互いに対するネガティブな情報を流すことがあるのでミスリードされないように注意する必要がある。

事前の準備とその場の肌感覚

人に会う前に我々はどんな準備をしているのか。

まず、これから会う人に著書があれば読んでおき、相手がどういう人かを予め把握しておくことは大前提だ。ネットを使った情報収集も必要だろう。

一方で、予備知識に縛られてはいけない。私は実際に会ってみての感触も大切にしている。会って少し話せば、「目下の最大関心事はこれだな」「自信があるのはこの仕事だろう」「触れてはいけないのはこの部分かな」というツボが、なんとなくわかる。まず仲良くなろうと思えば、その人が聞いてほしいだろうな、評価してほしいだろうなという部分に触れる。「いやぁ、こないだのあの国会質問はよかったですよね」「ロシア関係はやっぱり、もう、あなたがキーマンですよね」というふうに、**褒められたいポイントをしっかり踏まえて、話を進める。**「自分の仕事を理解してくれてるな」と思ってもらった上で、その仕事の中身をさらに掘り下げて、他では明かしていないことまで、しゃべってもらうのだ。もちろん「おべんちゃら」ではいけない。褒められてすぐ喜ぶ人もいれば、かえって警戒するタイプの人もいる。そこは相手によるだろう。

そのためにも、事前にしっかりと準備をすることだ。インタビューを読んだり、あるいは、その人に会ったことがある人に話を聞いたりして、どんなタイプの人なのかを、なるべくリサーチしておくことだ。ただ、いくら事前に入念に調べていても、相手の気分次第で想定問答どおりに進まないこともある。そんなとき、真面目な記者ほど頭の中が真っ白になってしまう。最後は、もう、会ったときの「肌感覚」で勝負するしかない。相手も人間だ。どこにその人の「琴線」があるのか、全神経を集中して探るのだ。

大手芸能事務所、田辺エージェンシーの田邊昭知さんは芸能界のドンだ。彼に会ったときは非常に張りつめた空気があった。週刊文春に「阿川佐和子のこの人に会いたい」

という名物連載があり、その1000回記念にどうしてもタモリさんに出てほしかった。先方からひとつ条件が出た。「編集長に会わせろ」というのだ。「あんなにとんでもない雑誌を作ってるのはどんなやつなのか、面《つら》を見てやろう」という思いがあったのかもしれない。そこでお会いすることになったわけだ。高級レストランの個室で、カレーのランチをご一緒した。

田邊さんは「書かれるのはお互い様でしょうがないけど、タマまでとるな。芸能生命まで奪うのはおかしいぞ」とおっしゃる。私は「別に命をとるつもりはないですけど、ただ、今あまりにもマスコミが、芸能界の強い事務所の言いなりになりすぎている。言論統制みたいな状況はおかしいと思うから、書くべきことは書きます」と答えた。お互い率直に語り合い、最後はタモリさんの出演を承諾してくれた。

小柄ながら、例えは悪いかもしれないが、映画「ゴッドファーザー」に出てくるマフィアの老ボスのような迫力に満ちあふれていた。緊張もしたけど、実に楽しかった。どの世界でも何かを成し遂げた人には独特の雰囲気がある。会えば、それはすぐにわかる。編集者、記者にとって、そういう人の謦咳《けいがい》に接することはかけがえのない財産だ。

我々は会った人によって鍛えられる。つくづくそう思う。

敬意は表しても迎合するな

私もやっぱり人間なので、好き嫌いは当然ある。仕事上、仕方なく付き合う人もいるが、50歳を過ぎてくるとわがままになってくる。自分にとってストレスでしかない人とは、基本的に付き合わないようにしている。

「考え方や感性があまりにも違う」「この人とはなかなかわかり合えない」「ネガティブなことばかり言うから会うと暗い気持ちになる」と感じるような人とわかり合う努力をするよりも、わかり合える人と人間関係をより深め、そこを基点に広げていくほうがよっぽど生産的だ。

ただ、私は苦手な人は少ない方だと思う。ちょっと癖がある人であっても、最初から腰を引くようなことはしない。そして、**誰が相手でも、偉い人であってもなるべく直球でものを言うように心がけている。**

初対面で相手を褒めることはあるが、権力を持っている人ほど「すごいですね」「さすがですよね」などと言っても「当たり前だ」と思われて、あまり心に響かない。そうではなく、一定の敬意を払いつつも思ったことは率直に言った方が相手の懐に入れてもらえることもある。率直に言って切られるなら、それは仕方がない。自分とはたまたま相性が悪かったのだ。敗者復活するケースもあるが、いったんはあきらめるしかない。

週刊文春のデスク時代、あるテレビ局の大幹部と初めて会った。いつもの調子で「私はいくら仲良くなっても書くときは書きますよ」と言った。「僕のことも書くの？」と聞かれたので「当たり前じゃないですか」と言ったら、すごく怒ってしまった。「それはひどいな、君！　何のために君と付き合うんだ！」と。私はその人とはそれ以来会っていない。これはさすがに合わないと思ったからだ。

相手に敬意は表するが、必要以上に迎合するようなことはしない。迎合して付き合っても、あまりメリットはない。自分が思ったこと、言うべきことは、相手にしっかり直球で伝える。それが全然受け入れられない、あるいは、わかり合えないような人とは、無理に付き合わなくてもいいと思っている。むしろその直球を、おもしろがって、かわいがってくれる人もたくさんいる。そういう人との関係をより深めていくほうが、よっぽど建設的だと思う。

苦手な人と立て続けに会っていると、自分のテンションも落ちてくる。疲れてしまう。やはり、会って元気が出る人と会いたいものだ。

裏返せば、**自分自身も相手から見て「会ったら元気になる存在」でありたい。**元気を与える存在になることができれば、いろんな人が「ご飯食べよう」などと誘ってくれる。「あいつ、おもしろいから」「あいつと会うと、なんか元気出るんだよな」と言われるのは、まさに編集者冥利に尽きる。

「私は日本でいちばん不倫とシャブをしてはいけない男なんです」。最近では会う人ごとに挨拶代わりにこんな話をしているが、皆さん笑ってくれる。編集者はサービス業であり、接客業である。人におもしろがってもらって、喜んでもらえる存在でありたい。雑誌には否が応にも作っている人間がにじみ出る。私自身が雑誌作りをおもしろがらなければ、読者にそのおもしろさは伝わらない。もっと言えば、人生そのものをおもしろがる精神が大切なのだと思う。

政治家との関係が深まった月刊「文藝春秋」

月刊「文藝春秋」は人間関係を広げるには最高の雑誌だった。週刊文春デスクの後、

3年間在籍した。

週刊文春のように警戒されることもなく、各界の大物が取材に応じてくれる。政治家とも深くじっくり付き合える。私も安倍晋三氏とは、彼が初めて総理になる前、在職中、そして健康を害して辞職した直後の3回、手記を担当させてもらった。「赤坂太郎」という政治コラムの担当だったため、第一次安倍政権のキーマンたちとは、この時期にたくさん知り合った。

安倍氏が総理を辞めた後、辞任の真相について「文藝春秋」でぜひとも語ってもらいたかった。**安倍氏に手紙を書いたり、何度か一緒に飲みに行ったことのあった昭恵夫人に頼みこんだりした。**手紙の中では、「総理を辞職した本当の理由の説明と国民への謝罪は、今後の政治生命にかかわる重大事です」と強調した。秘書も含めて、口説いて、口説いて、遂に「文春でやろう」と言っていただいた。ご自宅に3回くらい通って話を聞き、手記にまとめた。

他にも麻生太郎氏が総理になったときや、平沼赳夫氏が脳梗塞から復帰された直後など、決定的な場面でいくつかの手記を掲載することができた。それも「文藝春秋」という雑誌の看板に負うところが大きかったと思う。

「文藝春秋」には「同級生交歓」という名物グラビアがある。功成り名を遂げた人たちが、小中高の同級生と一緒に母校などで写真を撮るグラビアページだ。私はこれが大好きで、各界の著名な人たちに会うたびに「同級生でどんな人がいますか」と聞いていた。担当だったわけでもないのだが、よく人選のセッティングをやっていた。

そこで著名人と知り合ったら「じゃあ今度、お礼を兼ねてお食事でもどうですか」と誘うのだ。このページは警察庁長官でも、検事総長でも、みんな出てくれた。週刊誌だとめったに会えない人たちだから、そこで会って食事に行き「携帯番号を教えてもらえませんか?」と頼んでお付き合いが深まった方もいた。さらに「今現場で優秀な部下がいたら紹介してください」と言って、図々しくも人間関係を広げていった。

「同級生交歓」にサントリーの佐治信忠会長と樋渡利秋検事総長に出ていただいたことがあった。普段はそれぞれの組織でトップに君臨するお二人が、会ったとたんに相好を崩し学生時代のあだ名で呼び合う様子は、まるで小津安二郎の映画のひとコマのようだった。佐治会長が「樋渡のあだ名はオケワタリだったな」と言うと樋渡総長が「あのあだ名を付けたのは国語の村上先生。あの村上春樹さんのお父さんだよ」と秘話も飛び出した。その場の空気を吸うだけでも勉強になった。

ただ、文藝春秋という会社ではよく「本誌（わが社では社名を冠した月刊『文藝春秋』をそう呼ぶ）で作って週刊で壊す」と言われる。本誌時代に知り合った方から「こんな記事を出すなんてひどいじゃないか」と怒られることもよくある。「あの頃あんな親しくしてたのに」と。最近も親しく付き合っていたある閣僚のスキャンダルを週刊文春で報じた。その閣僚は記者の取材に「新谷さんに殴られるなら仕方ない」とおっしゃったそうだが、どうにも複雑な心境になった。

長期的な信頼関係をどう築くか

編集者や記者は多くの人と長期的な信頼関係を築くことが大切だ。そのためには日常的な「マメさ」が求められる。取材で会い、記事になった後も「いろいろとご不満もおありかもしれませんが、お礼方々、1回食事でも」と言って会う。食事の後も、こまめに会う。例えば霞が関の官僚だったら、昇進のニュースを見ればお祝いのメールを送る。「お祝いの食事、どうですか」と誘う。お祝いされたり、褒められたりして、うれしくない人はいない。逆に知り合った人がトラブルに巻き込まれたという情報があれば、「大変でしたね。私に何かできることはありませんか」と連絡をとって会う。その人にとっての「琴線」はどこにあるのかを、常に見定めた上で触れていくことだ。

折に触れて、こちらから積極的にアプローチをすることが大切だ。先述したように、年賀状を出すのでもいい、雑誌を送るのでもいい。それだけで、誰もが気持ちよく付き合ってくれるとは限らないが、感触がよければ本当に友情が芽生えることもある。バットは振らなければ絶対ボールには当たらない。大切なのは人間同士の信頼関係だ。相手を利用してやろうと考えて接近すると、すぐに見透かされてしまう。

人間なら誰でも、自分の国が良くなったほうがいいと思っているはずだ。そのために、それぞれの持ち場、それぞれの立場で汗をかいているわけだ。よって、わかり合えるところは必ずある。特に私の場合、警察や検察の人と仲良くなることが多い。捜査と取材の違いはあれども、私たちもささやかながら社会正義の実現には貢献したいと考えている。メンタリティが似てくるのだ。

「文藝春秋」では「巻頭随筆」のコラムもよく担当した。各界の著名人に身辺雑記などを書いていただくページだ。

あるとき、大変お世話になっているベテランの社会部記者から「漆間巌警察庁長官はピアノが趣味で、初見でどんな曲でも弾いてしまう」という話を聞いた。その記者もフラメンコギターの名手で、漆間長官とは定期的にコンサートを開いているという。私は早速、知り合ったばかりの警察庁の広報室長を通じて巻頭随筆のお願いをした。漆間長官には快諾していただき、「ピアノと私」という随筆が「文藝春秋」に掲載された。ただ、それで終わってしまったら、そこまでだ。「せっかく素晴らしい原稿をいただいたんで、長官に短い時間でも、ご挨拶だけでもさせていただけませんか」と広報室長に頼み込んだ。

初めてお会いした漆間長官はさすがに威厳を漂わせていたが、ピアノの話になると、とたんに表情が和らぎ饒舌になった。そこで私は漆間さんと親しいジャーナリストの名前を出して、「私もものすごくお世話になっている人なので、今度、お礼方々、その人を交えて一緒にお食事でもどうですか」と誘った。

食事の席ではもっぱら音楽談義。私もにわか勉強ながらも自分なりにピアノの素晴らしさを語った。そのおかげで漆間長官からは思いがけないお誘いをいただいた。

「新谷さん、そんなにピアノがお好きなら、今度長官公邸でファミリーコンサートを開くから来ませんか」

その日、警察庁長官の公邸に集まったのは、漆間さんのご家族と漆間さんの音楽仲間である警察庁の人たちだった。

初めて足を踏み入れた長官公邸には立派なグランドピアノが鎮座していた。私は盛んに「ブラボー!」と手を叩いた。そして最後は漆間長官の演奏で、奥さま、ご子息らと一緒に朗々と「千の風になって」を歌ったのだった。

すごい人ほど社交辞令で終わらせない

日々いろいろな世界のキーマンとお会いするが、そういったすごい人には共通点がある。普通の人は「今度飯行きましょう」とか「また改めて」というセリフを社交辞令として言いがちだ。しかし、私が尊敬するすごい人たちは、社交辞令で終わらせない。**「やりましょう」と言ったら、すぐ「じゃあ、いつやろうか?」と日程調整に入るのだ。**

すごい人ほど、動きは速い。これは名前を出せないのだが、某有名企業の会長と霞が関の官僚数人で食事をしていた。そのとき私と旧知の政治家のことが話題にのぼり、「一回、この会に彼も呼びましょう」ということになった。

会はお開きになり、「今日はごちそうさまでした」と言って別れ、帰りの車の中でその会長に御礼のショートメールを送ると、いきなり「(政治家の)○○さんの件ですが、この日程だったら、すぐ調整できます」と返事が飛んできた。これには驚いた。私は慌てて、翌日その政治家に電話をかけて、日程を調整した。

このスピード感には感動した。大組織のトップになってもアクセスは速く、フットワークは軽い。

こんなこともあった。マスコミ関係の会合で、ある団体の幹部にお会いした。初対面だったため話すことも特に思いつかない。どうしようかと考えて思い出したのが、その団体とは因縁のある「革マル派」に関する事件だった。

週刊文春は昔、「JR東日本に革マルが巣くっている」と報じた。当時キヨスクでは週刊文春を10万部以上売っていた。ところが、記事の影響で週刊文春だけ売ってもらえないという事態になったのだ。結果的に写真を間違えたり事実確認が甘かったりして、文藝春秋は全面降伏した。そのことを私は話題にし、「この件は、本当に今でも悔しいし、いつか絶対やり返したいと思ってるんです」と言った。するとその幹部は「そうですか。では、また改めてお話ししましょう」と答えたが、そのときは簡単なやりとりで終わった。

数日後、その幹部から直接私に電話がかかって来た。「先日の件ですけど、いつなら会えますか？」といきなり言う。後日お会いすると、資料をもとにみっちりレクチャーしてくれた。ちなみにこの件はその後、当時週刊文春の記者だった西岡研介氏が担当して記事になり、西岡氏はそれをもとに『マングローブ』（講談社）という本を著した。

社交辞令で終わらせない。これは、仕事ができる人の特徴だ。何よりスピードがすごい。「〇〇さん、今度紹介してくださいよ」「いいよ」と言って、その場で電話をかける。「今、俺の目の前に文春の新谷さんって人がいるんだけど、ちょっと今度会ってやってよ。電話代わるから」といきなり電話を渡されるのだ。

私もデスクや現場から「人を紹介してもらえませんか」と言われたら、なるべくその場で電話をかける。スピード感が大切なのだ。「どうしようかな」とウジウジ寝かせていたらネタは腐ってしまう。

もうひとつすごい人に共通するのが**「肩書きで人と付き合わない」**ということだ。

私は、ある組織の広報課長のポストにいつも注目している。その組織の中では歴代、とりわけ優秀な人物が就くポストだ。その中の何人かは今も大変お世話になっているため、組織名は出せない。

広報課長だから、様々なメディアと日常的に付き合うわけだが、興味深いのは、肩書きが外れた「後」だ。あくまで広報課長の職務として記者と付き合うのか、あるいは一対一の人間同士として関係を結ぶのか、そこに歴然とした差が出る。これを定点観測してみると、我々の仕事にとっても大いに参考になる。

初めて挨拶をかわした後、たいてい一度は会食をする。まずその場で話が弾むかどうか。お互いの出身や経歴から趣味、家庭の話まで、気持ちよく率直に語り合えると感じた人とは携帯電話の番号を教え合い、情報交換をするようになる。年賀状などを送り、自宅住所もお互い把握する関係となる。それぞれ部下を連れて会合を持つこともあるが、基本的にはサシでじっくりと付き合う。こういう相手には、こちらからも「広報課長」の肩書きが外れた後も末長いお付き合いをお願いしている。

振り返ってみると、付き合いが長く続く相手に共通するのは、お互い立場は違うが、「何のために働くのか」について共感できるという点だ。ネタ元というよりも生涯の友と願う人も多い。逆に、いかにも「仕事として関係を持っています」という他人行儀なタイプの人とは、付き合いが深まることはない。肩書きが外れた後には没交渉となってしまう。

おもしろいのは、**肩書きが外れても人間同士の関係を維持するタイプの人の方が、その組織の中で圧倒的に出世しているということである。**

黒幕・石原俊介氏との「4人会」

情報と人間関係の話をするときに欠かせない人物がいる。

石原俊介さんという情報誌の発行人だ。世の中の表から裏まで、あらゆる情報に精通した「黒幕」として知られていた。

出会いは20年以上前にさかのぼる。橋本龍太郎元総理の女性問題について取材していたとき、詳しい記事が石原さんが発行する情報誌「現代産業情報」に出ていたことから、旧知の事情通氏がつないでくれた。

石原さんは、小柄だがやたらと目つきが鋭く無駄口をたたかない。しかもいきなり知らない事件に関する固有名詞を連発され、何のことやらわからなかった。石原さんのところには新聞、テレビの社会部の敏腕記者がたくさん通っていたが、おそらく、この入り口のとっつきの悪さで退散してしまう記者も多かっただろう。私はわからないなりに、他社の記者から聞きかじった知識を頼りに、暇を見ては兜町にあった石原さんの事務所に通った。メディアをにぎわせているような事件については、自分なりにキーパーソンと構図を頭に入れてから会うようにした。

あるとき、銀座に誘われ、小料理屋で食事し、クラブを何軒かハシゴした。そこで、集団就職で上京し、共産党活動に目覚めソビエト連邦に留学、その後右翼との出会いから裏社会との関係を深めていくという石原さんの半生を聞かされた。付き合いが深まっていくと、人間的に実にチャーミングな人だった。口癖は「清く貧しくいやらしく」と「ナメてんのか」。石原さんもおそらく文春にはあまり縁がなかったのだろう。私から得る情報などほとんどなかったにも拘わらず、よくかわいがってくれた。何よりＮＨＫ、朝日、共同、毎日、産経、東京、ＴＢＳ、フジなどの社会部のエース記者を次々に紹介してくれた。相手も石原さんの紹介ということで、よく面倒をみてくれた。

そのうちに石原さん特有の「４人会」が始まった。石原さんはいくつもの「４人会」を持っており、メンバーは記者、企業の総務、広報、警察など、様々な組み合わせだった。私の場合は石原さんの懐刀のような存在だった伊藤博敏さんと西岡研介氏と石原さんとの４人だった。あまりにも濃いメンバーだったため、よくＮＨＫやフジテレビの敏腕で美人の女性記者をゲストに呼んでいた。

話題はもっぱら社会部の検察担当、当時の警視庁の捜査２課４課担当が追いかけるような事件の裏側だった。事件はたいてい表と裏の狭間で起きる。今のようにコンプライアンスが金科玉条のごとく喧伝される時代には難しいと思うが、**石原さんのように検察、警察から暴力団まで幅広いネットワークを持つ人間はメディアにとっては最高の情報源だった。**具体的なことは書けないが、生ネタをもらったこともあったし、取材中の事件でキーマンを紹介してもらったこともずいぶんあった。

ちなみに石原氏との「4人会」に限らず、飲食代の支払いは先方と文春で交互にしていた。利益供与など、コンプライアンス面のリスクもあるし、何より長く続く信頼関係を築くためには一方的な貸し借りは禁物である。

「現代産業情報」の500号記念パーティが東京會舘で開かれたとき、私も発起人の最後の方に名を連ねたが、検察、警察の幹部から暴力団組長、大物右翼までが一堂に会した。今では考えられないような呉越同舟ぶりだった。

石原さんの還暦祝いで屋形船を借り切ったこともあった。当時、マスコミ業界では「不審船」と揶揄されたりもしたが、まさに各社社会部のエースを中心としたすごいメンバーだった。最年少として末席に座らせてもらい、うれしかったことをよく覚えている。そのときの記念写真をある社の記者が当時の検事総長のところに持ち込んだことも、我々の業界内では話題になった。

ただその後、ここでは書けないある事情があって、申し訳ないと思いながらも、次第に距離ができてしまった。編集長になった後、石原さんの体調が悪いという話を聞いた。お見舞いに行かなければと思いつつ、不義理を続けた負い目もあってなかなかお会いすることができず、結局対面したのは、石原さんが柩に入った後だった。

第2章

予定調和は
おもしろさの敵である

企画／発想

みんなが右と言っているときに左を向けるか

本章では、スクープを含め、我々がどのように企画を生み出しているのか、その発想の原点について述べていきたい。

この仕事は正直に言って、真面目な人、オーソドックスな感性の人はあまり向いていない。誰もが考えつくようなことを言っても「それはそうだよね」で終わってしまう。お金を払ってもらえるようなコンテンツはなかなか作れない。

みんなが「右だ右だ」と言っているときに「ちょっと待てよ、左はどう?」と言ってみたり、全く思いもよらないものを提案する。あるいはみんなと同じ方向だとしても、さらに突き抜けるパワーを持ったアイデアを出す。そうしたセンスが求められている。

例えば、ショーンKさんの記事も、みんなが右を向いているときに左を見ることで生まれた。彼がフジテレビの「ユアタイム」のキャスターに抜てきされると聞いたとき、多くの人は「遂にここまできたのか。すごい出世だな」と思ったことだろう。「超イケメンで、ハーバードMBAで、ニュースの顔。天は何物まで与えるんだろう」と。

報道番組のアンカーマンは、社会的地位がものすごく高い。アメリカでは大統領よりも影響力があったといわれるウォルター・クロンカイトやエドワード・R・マローがいた。世論を形成していく上で大きな影響力をもつ立場だ。私も「ショーンKさんはそこまでのぼりつめたんだ」と注目していた。しかし、ふと思ったのだ。

「ちょっと、できすぎじゃない？」

彼は非常に謎が多くミステリアス。公表していたプロフィールだけでは、なかなか裏を取りにくい。どうも人間っぽい肌触りがない。とても人工的に作り上げられたイメージなのだ。その一歩先、彼の「生身の人間性」が伝わってこない。だからこそ知りたい。それが始まりだった。早速、取材班を組んでショーンさんの経歴を調べ始めた。

取材を始めたのはフジテレビ「ユアタイム」の記者発表があった頃だ。取材の詳細は後述するが、それから約3週間くらい取材を続け、あの記事につながった。

「ちょっと待てよ」という違和感がスクープを生み出すきっかけになることがある。取材をスタートした段階では、まさか「ホラッチョ」なんてあだ名だったとは夢にも思わなかった。

週刊文春の記者は、毎週5本の企画を提出することが義務づけられている。もちろん生ネタ、独自情報が望ましいが、既に報じられていることでも企画になることはある。

ただ、新聞やネットに書いてあることをそのまま、右から左に「こんなことが書いてありました」では企画にはならない。そうではなくて**「こんなことが書いてあったが、こういう切り口で料理すれば、おもしろくなるのではないか」というのが企画だ。**「○○が今流行ってます」ではなく「流行っている現象を誰かに批評してもらう」もしくは「その流行の背景にはこんな事情がある」など、独自の切り口で提案すれば企画になる。

例えば「のん（能年玲奈）さんが声優を務めた『この世界の片隅に』が流行ってます」だけでは記事にならない。編集者は「どうすれば企画になるのか」を考えるのが仕事だ。能年さんの特集にするのか、監督に光を当てるのか、いろいろやり方はある。

私がまず思ったのは、能年さんが語る「呉弁」の魅力だ。広島弁の中でも、呉弁というのは独特だ。「言うちょる」「おどりゃー」のように、広島の中でもローカルで荒っぽい言葉。そして呉弁といえば、映画「仁義なき戦い」だ。日本映画史に残る傑作も舞台は呉。「『仁義なき戦い』以来、呉弁が熱い！」というのはどうだろう、といった話を会議でしました。

このようにひとつの事象でも、いろいろなアプローチがあるわけだ。「うちの読者がいちばんおもしろがってくれるのはどんなアプローチだろう？」と、デスクと一緒に議論しながら考える。「『君の名は。』『逃げ恥』が高齢童貞・処女を救う」という企画も、あるデスクの発案がきっかけで実現した。賛否両論あったが、なかなか興味深い問題提起になったと思う。

糸口を見つけたら、すぐに一歩を踏み出す

企画の発端は、こうした雑談から始まることも多い。そこで大切なのは「おもしろい」と思ったら、すぐに一歩を踏み出してみることだ。そのままにしておかない。**「実現できたら、おもしろいな」と思ったら、まずやってみることが大切だ。**

現在バチカン大使を務める中村芳夫さんが経団連副会長だった頃、テレビ朝日の経済部で財界担当だった出町譲君と3人で昼飯を食べた。その席でリーダーの言葉が話題になった。「今、政治家の言葉が軽いのではないか」と。そこで「どういうリーダーの言葉なら、国民に届くのか」について語り合った。

中村さんは「僕にとってはやっぱり土光敏夫さんの存在は大きい」とおっしゃった。土光さんが経団連の会長だった頃に、中村さんはずっと秘書をしておりスピーチライ

ターも務めていたという。その経験から「土光さんの言葉は、本当に重かった」とおっしゃるのだ。出版部にいた私は「それ、おもしろいですね。『土光さんの言葉』という企画は、今このタイミングで世に出したら、結構読まれそうですね」と言った。そこでふと思いつきで、大学で同級生だった出町君に「書いてみたらどう？」と提案した。

そのときは出町君も「そうかな」などと言っていたのだが、その後がすごかった。彼は土日に経団連の図書館に通って資料を集め、土光さんの言葉について原稿を書き始めたのだ。ほどなくして「ちょっと書いてみたんだけど」と原稿がメールで送られてきた。私は「本当に書いたのか」と驚いた。読んでみるとなかなかおもしろい。

私は『土光敏夫100の言葉』とタイトルを付け、本にまとめた。ちょうど東日本大震災の後のタイミングだったため「清貧と復興」というサブタイトルを大きくして、「今こそ、土光さんの言葉に学べ」「日本が立ち直るためにはこの本が必要だ」といった宣伝文句で新聞やテレビの知り合いにも協力を依頼した。ハードカバーの単行本だったが、8万部くらい売れた。

出町君が、何気ない雑談を大切にして、すぐに行動に移したからこそヒットは生まれた。**大切なのは、思いつきをそのままにしておかないということなのだ。**

もちろん売れるかどうかはハッキリ言ってわからない。ただ、おもしろいと思ったらやってみることが次につながる。話題にならなかったら、また違うものを考えればいいではないか。
大切なのは"The Show Must Go On"（とにかくやり続ける）の精神だ。理屈をこねて、できない理由を探すほどバカなことはない。

仕事のおもしろさを教えてくれた「冒険家」編集長

私が文藝春秋に入って最初に配属されたのはスポーツ誌の「Number」編集部だった。当時の「Number」編集長、設楽敦生さんは私が最も影響を受けた人物の一人だ。私の編集者人生の中でいちばん好きな人といっても過言ではない。

設楽さんは非常に面倒見がいい人だった。彼が編集長になって最初に来た新入社員が私だったということもあり、すごくかわいがってくれた。毎日のように夕方になると、「ビール付きの飯に行こうぜ」と誘ってくれる。編集部より酒場にいる時間のほうが長かったような気がする。

設楽さんは石原裕次郎が大好きで、裕次郎の歌をカラオケでもアカペラでもよく歌っていた。私は加山雄三が好きだったので、裕次郎と加山雄三の魅力を酔っぱらってよく語り合っていた。あるとき設楽さんが「新谷君、裕次郎と若大将で特集やるか」と言い出した。入社2年目の私はびっくりしたが「やりましょう」と大喜びした。

かくしてできたのが加山雄三と石原裕次郎が表紙になった伝説の「Number」だ。間違いなく「Number」史上、もっとも異色の号だろう。「スクリーンのなかでスポーツが輝いていた!」というタイトルをつけてスポーツに無理やりこじつけた。確かに「若大将シリーズ」は全部スポーツが出てくるから間違いではない。

本当に楽しくて「こんなこと仕事と言えるのだろうか」と思っていた。東宝に頼んで「若大将シリーズ」の小道具を発掘したりもした。若大将の実家は「田能久《たのきゅう》」というすき焼き屋だ。その店の暖簾を見つけ、実際にロケしたお店の入口にかけて「若大将フリークス座談会」の出席者が暖簾をくぐるところを写真におさめた。

設楽さんは常に「それ、おもしろいな、どんどんやろう」というノリだった。新入社員の私は、**「仕事って、こんなにおもしろいのか」と毎日会社に行くのが楽しかった。**

編集部で飲むときには、みんなで朝まで飲む。たまに殴り合いになることもあった。熱くて若い、体育会系の社員が「Number」にはどんどん集まってきた。早稲田大学のラグビー部や成蹊大学のボクシング部出身の人間が、毎日昼も夜もワーワー言って盛り上がった。ほとんど部活の合宿所のようだった。

その頃、編集部の冷蔵庫にはビールが何ダースも入っていた。設楽さんからは「ビールだけは切らすな」と言われていた。校了が終わると、それぞれがビールを飲み始めて、語り始める。ほとんどが仕事の話だ。『Number』はどうすればもっとカッコよくなるのか」について熱く語る。飲み終わると机の上に缶を置き、どんどん重ねて積んでいく。「天井まで行くかな」などと言いながら積み上げていると、いつのまにか朝になっている。朝10時、ビールの塔ができあがる頃、バイトのかわいい女の子が出勤して来る。「一緒に飲もう」と誘うと、ノリがいい子だったので「じゃあ、1杯だけいただきます」とその子も一緒になって飲んでくれた。私の編集者としての原点は、間違いなくあの時代にある。

設楽さんはとにかく放任主義だった。根っからの自由人。植村直己さんといちばん仲が良かった編集者で、設楽さん自身も冒険家みたいな人だった。

逗子に住んでおり、いつも朝、海に潜ってワカメをドバーッと採って来る。それを自分で刻んで、ネギと醤油で漬けたものを、でっかいタッパーに入れて会社へ来る。「これ、朝採ったワカメ。食おうぜ、みんなで」と言う。いきなり昼間っから、ビールを出して来て、編集部で酒盛りになってしまう。酔っぱらうと「線路の上にブタがいて〜」という不思議な歌を手拍子を打ちながら、ガナリ声で歌う。「どういう親分だよ」と思ったが、この自由さが大好きだった。そこで新人時代の私はのびのびと育ててもらったのだ。その後、設楽さんは週刊文春の編集長になり、若くして病気で亡くなったが、人が死んであんなに声を上げて泣いたのは、初めてだった。

「おもしろがる気持ち」にブレーキをかけるな

「Number」時代、自分が手がけておもしろかった企画のひとつに「ホームラン主義。」がある。近鉄にブライアントというすごいホームランバッターがいた。東京ドームのスピーカーに打球をぶつけるような桁外れのスラッガーだ。彼を中心に様々な強打者を並べて「ホームランこそ野球の醍醐味だ!」という大特集を会議で提案して通ったのだ。

私は当時入社3年目。普通は特集をまるまる任せてもらうことはできない。「君はデスクの下でやってくれ」と設楽編集長に言われた。しかし、若かった私は頭に来て「いや、俺の企画なんだから、俺にデスクをやらせてください！」と訴えた。今考えればよく言ったなと思うが、設楽さんはおおらかな人だった。「それもそうだな」と、入社3年目の私と2年目の後輩と新人の3人に1冊任せてくれたのだ。

これがものすごく楽しかった。好き放題やった。表紙のカメラマンは「ストロング&インパクト」を標榜して売り出し中だった久家靖秀さんに頼んだ。のちに宇多田ヒカルの「First Love」というアルバムのジャケット写真を撮った人物だ。彼のところに行き「ブライアントの写真で表紙を作りたいんですけど、一緒にやりましょう」と頼んだ。「どういう写真がいいですかね」と相談すると、久家さんはいきなりこう言った。**「やっぱりブライアントは過剰なイメージがあるから、バズーカ砲じゃねえか」と。**

確かにストロングでインパクトもあっておもしろいが、そもそもバズーカ砲ってどこにあるのか？　そこで思いついたのが、「天才・たけしの元気が出るテレビ‼」という日本テレビの番組だ。「早朝バズーカ」という人気コーナーがあった。芸人さんが朝寝ている横でいきなりバズーカ砲を撃つというとんでもない企画だった。

私は、日テレに電話をかけて「早朝バズーカ担当の方をお願いします」と言った。「あのバズーカ砲はどこに行けばあるんですか？」と聞くと「いや実は趣味でバズーカ砲を作っている鉄工所が埼玉にあるんだよ」と教えてくれた。早速、その鉄工所まで行くと、本当にバズーカ砲をたくさん作っていた。「これは引き金を引くと、煙が出るんだよ」「すごいっすね」などと言いながらバズーカ砲を2丁借りてきた。怪しまれないように風呂敷に包み、バスと電車を乗り継いで編集部に戻った。

スタジオを借り、ブライアントを呼んで来て、ユニフォームを着せ、「このバズーカ砲を撃ってくれ」と頼んだ。ブライアントもバズーカ砲を見て大喜びした。バーンと撃ったところを撮り、それはものすごくカッコいいビジュアルになった。

みうらじゅんさんと企画した「巡礼の旅」という企画もおもしろかった。

「Number」のボクシング特集のときに「『あしたのジョー』巡礼の旅」を提案した。**『あしたのジョー』のゆかりの地を訪ね歩き、名場面を忠実に再現するという企画だ。**この企画の前にも「『巨人の星』巡礼の旅」をみうらさんとやり好評だったため、すんなり企画は採用された。さすがはみうらさん。「君の名は。」など、今の「聖地巡礼」ブームの先駆けだったのかもしれない。早速二人で『あしたのジョー』を全巻読み直して、気になるコマに付箋を貼っていった。

まずは「矢吹丈が少年院から脱走するシーン」。矢吹丈が豚にまたがって脱走するという名場面だ。「これは再現したいよね」と二人で言っていたが、さすがに豚にまたがるのは難しい。どうしようかと思案しているところに、ちょうど編集部に「ピッグロデオ大会のお知らせ」というプレスリリースが届いた。取材の依頼である。渡りに船とばかりに「ぜひ取材させてください！」と電話をかけた。私とみうらさんは関東近県で開かれたピッグロデオ大会に出かけて行った。みうらさんに少年院の制服っぽい服を着せて、豚にまたがって走りだしたところを慌てて写真におさめ、脱走シーンを再現した。

いちばん大変だったのが「泪橋を逆さに渡る」というシーンだ。舞台は山谷のドヤ街。ここで写真を撮ろうというのだ。「難しいけどやってみようか」ということになり、みうらさんは矢吹丈の恰好で山谷を歩いた。赤いハンチングをかぶり、ズダ袋を背中にさげて泪橋を渡る。そこをカメラマンがパシャパシャと撮っていた。ちなみに私は丹下段平役である。

そうして撮っていると、さっきまで路上で寝ていたおじさんが、いきなり「誰だ！山谷で写真を撮っているのは！」と怒鳴りだした。すると、倒れていた人たちが次々と起き上がって来た。「あ？　山谷で写真だと？」と口々に言う。あっという間に囲まれた。山谷には、顔を出してはいけない人がたくさんいるのだ。ワケアリの人が木賃宿に泊まりながら日雇いで稼いだり、血を売ったりしながら懸命に暮らしている。何のツテもない一見《いちげん》さんがそこで写真を撮ることは、とてもリスキーで失礼なことだったのだ。

我々取材班は彼らに「お前ら、ふざけてんじゃねえよ！」とすごまれた。でも、確かに我々はふざけている。言い訳はできない。「ふざけていました。すみません！」と平謝りした。「カメラも壊せ」と言われたが「フィルム出しますから勘弁してください」と言って命からがら逃げ出してきた。私が週刊文春などで社会派の取材を経験するずっと前の話だ。恐ろしかったが、忘れられない思い出である。

大切なのは、おもしろがる気持ちに縛りをかけないことだ。今はマニュアル主義が横行しているから難しいのかもしれない。予算などのつまらない理由で「無理だ」と言われてしまう。おもしろいことが全部スタートの段階で潰されてしまうことも多い。

だが、**そもそも「不可能」を「可能」にするからこそ、おもしろいし、夢があるのだ。**そしてそれこそが私たちの仕事なのである。その気概は今でも持っている。「バブルのいい時代だったからできた」というわけではない。

「ありそうなもの」を避け「見たことのないもの」を作れ

私は、人がやったことのないようなことをやるのが好きだ。見たこともないようなものを作るのが大好きだ。そこに大きな喜びがある。見た人が「えーっ」とびっくりするようなものを生み出したいとずっと考えている。

見たことのあるものを作ると安心できる。ついつい「ありそうなもの」を作りがちだ。しかし、予定調和はつまらない。最初から見本や完成予想図があって「そのとおりにできてよかったね」ということの何がおもしろいのか。**誰も考えたことがない、誰もやったことがないものに挑戦して、それが実現したときの喜びは計り知れない。**そのための努力は惜しまないし、発想には絶対に縛りをかけてはいけない。

「Number」時代は、見たことのないようなビジュアルを生み出すべくいろいろなチャレンジをした。どうすれば究極のカッコいいスポーツ写真が撮れるのかを追究していた。広告の大御所カメラマンや、スポーツを撮ったことのない新進気鋭の写真家にアスリートを撮ってもらった。日本に当時3台ほどしかなかった1200ミリの望遠カメラを使って、プロ野球の試合を撮ったこともある。

かつてダイエーホークスに佐々木誠という「走攻守」揃った名選手がいた。私はプロ野球の新時代を象徴する彼で表紙を作りたかった。球団に頼み込んで、試合や練習とは別に、うちのためだけに撮影の時間をもらった。ベースの真ん前でカメラマンが構える。「ベースに向かって足を蹴り上げてスライディングしてください」と頼むと、佐々木選手は「しょうがねぇな。3回だけ滑るからうまく撮れよ」と言い、やってくれた。おかげで「これ、どうやって撮ったんだ」という、バーンと足が画面から飛び出すような表紙ができあがった。

初めてNBA特集を作ったときのこと。私は2週間くらいかけて、アメリカのシカゴからニューヨークまで、シカゴ・ブルズのマイケル・ジョーダンを中心に追っかけ取材を行なった。表紙はチャールズ・バークレーというフェニックス・サンズの選手だ。優等生のヒーローがマイケル・ジョーダンだとしたら、ちょっとヒールっぽいヒーローが、バークレーだった。とにかくカッコよかった。

ニューヨークでバークレーを特別に撮影させてもらう約束をエージェントとしていた。私はホテルのスイートルームを借りて、壁紙も用意してスタジオみたいにセッティングしていた。しかし、当日になりドタキャンされた。「アメリカまで来て、表紙撮れないんじゃ日本に帰れねえな……」。我々取材班は困った。

その日、サンズはマディソン・スクエア・ガーデンでニューヨーク・ニックスと対戦する予定だった。私は英語はろくにできないのだが、必死でマディソン・スクエア・ガーデンの人にかけ合い、会議室をひとつ借りて、特設スタジオを作った。バークレーのエージェントに「俺はこれじゃ日本に帰れない。なんとか10分でもいいから時間をくれ」と伝えた。すると試合の前に無理やりバークレーを連れて来てくれたのだ。そこで写真を撮り、インタビューも15分ほどやり、表紙と巻頭特集を作った。

その表紙も、すごくカッコよかった。バークレーがバスケットボールを持っている写真。惚れ惚れするようないい写真だった。カッコよすぎるから、日本語を入れたくない。デスクは最初反対したが、最終的にはタイトルを全部英語にすることを許してくれた。日本の雑誌に全く見えない強烈にカッコいい表紙になり、よく売れた。

「ベストな選択肢」から逃げるな

企画を考える上で大切なのは、常に「ベストの選択」をすることだ。「この人を落としたらすごいぞ」「このネタが形になったら世の中ひっくり返るぞ」と思ったら、そのベストの選択肢から絶対に逃げないことだ。

私はもともとの性格がポジティブだからなのか、**何ごとも「こうなったらどうしよう」と心配するよりも、まず「こうなったらおもしろいな」と考える。**仕事の上でもあらゆる局面で「ベスト」と「ワースト」、2つのシナリオを描くわけだが、まずベストの内容を吟味するのだ。「いちばんうまくいったら、最高の到達点はどこなのだろう」とイメージする。リスク管理のため、最悪だったらどうなるかも一方では考える。そして、現実はだいたいそのあいだで起こるものだ。

週刊文春で大切にしているのは「これは本当か嘘かわからないけど、本当だったらすごいぞ」というネタに積極的に取り組むことだ。当然ながら、やらせてみたらダメだったということも山ほどある。ガセだったり、さんざんお金を使って、時間をかけても、結局は詰めきれない、ということも当然ある。

組織というのは大きくなるほど「結果が読めない」ものに対して臆病になるのが普通だろう。売上が立つのかどうかわからないものに投資することを嫌う。しかし、「読めない」からこそおもしろいのだ。

出版を始めとして、あらゆるものづくりの現場に財務的な発想が入ってくると、とたんにうまくいかなくなる。「開発費をこれだけ先行投資して、ヒットしなかったらどうするんだ！」と責められるような組織だと、今当たっているものの延長線上にしか新商品は生まれない。ちまちま積み上げていけばリスクは少ないが、どうしても縮小再生産に陥ってしまうし、いずれは飽きられてしまう。**誰も考えつかないようなことにドーン**

とお金をかけて、それがドカーンと当たったときの先行者利益は、計り知れないものがある。そこの勝負ができるかどうかが試されるのだ。

ベストな選択肢から逃げない、ということで言えば、また昔の話にはなるが「マルコポーロ」という雑誌での仕事を思い出す。

私は表紙とファッションの担当をやっていた。カメラマンやスタイリストを選ぶ上でリミットは設けなかった。表紙は、高橋恭司というすごく個性的なカメラマン、北村道子という大御所スタイリスト、柘植伊佐夫というカリスマヘアメイク、この強烈な３人組で撮影することにした。それは「Number」以来のコンビである天才アートディレクター石崎健太郎さんの希望でもあった。私は石崎さんのベストの選択を最大限尊重しようと考えたのだ。

初めての打ち合わせで「一回目だからメジャーなモデルで行こう」ということになり、その当時いちばんの売れっ子だった内田有紀さんをバーニングプロダクションに頼んで出してもらうことになった。「どうやって撮りましょうか」と言うと、高橋恭司さんが「そうだな。やっぱり学ランだよね」と言う。「学ラン？　どういうことですか？」と聞くと、スタイリストの北村道子さんも「学ランいいね」と乗ってきた。私はわけがわからず「まあいいや」と思い、任せることにした。

撮影当日、北村道子さんは本当に学ランを持ってきた。ただ、普通の学ランではない。ボタンを全部取って、何十回も洗濯機で洗いにかけ、袖も取ってベストのようにした学ランだ。それを内田有紀さんがノーブラの上にはおる。しかも、ハーモニカを口にくわえて写真を撮る。「これは強烈だな」と思った。

牧瀬里穂さんがモデルのときは、ヘアメイクの柘植伊佐夫さんがかつらをかぶせた。頭がアフロみたいになって、エマニエル坊やのようだった。ぶっ飛んだ表紙ばかりだったがインパクトはすごかった。今見てもカッコいい。

ずっとこのメンバーで撮影をしていたのだが、6号目の表紙の打ち合わせのとき、北村道子さんが「私、飽きたからやめた」と言い出した。次のスタイリストをどうしようか悩んでいると、高橋恭司さんが「じゃあ、ジョニオ（アンダーカバーの高橋盾氏）がいいんじゃないかな」と言う。そこで6号目は、高橋盾さんが作った服を中谷美紀さんに着せて撮った。これもすごくカッコいい写真になった。

ファッションページもおもしろかった。ちょうど来日中のレニングラード・カウボーイズを撮影することになった。カメラマンは久家靖秀さんで、スタイリストは日本一の腕前だと敬愛している山本康一郎さん。彼にスタイリングを相談したら「コムデギャルソンだよ」と即決だった。そこで、レニングラード・カウボーイズに全身コムデギャルソンを着せた。撮影場所は文藝春秋だ。彼らを会社の仮眠室に寝かせたり、社長のイスに座らせたり、いろんなところで撮った。結果、伝説的なグラビアになった。めちゃくちゃ楽しんでいたのだが、それも束の間。「新谷に撮らせていたら大変なことになる」と問題になり、私はビジュアル担当から外された。表紙も稲森いずみさんを篠山紀信さんで撮りなおすことになり、高橋盾さんのスタイリングは幻に終わった。

私の編集者人生は、やりたい放題やって最後には粛清される。その繰り返しだ。ずっと変わらないのは「ベストの選択」から逃げないということだ。**仕事を続けていると、ついつい「現実的なもの」「それっぽいもの」をやりがちになる。**そうではなくて、「こうなったらすごいぞ」というワクワクする気持ちを忘れないこと。その気持ちがいずれ奇跡を生み出すのである。

私の雑誌作りにマーケティングの文字はない

私の雑誌作りの中に「マーケティング」という文字は全くない。

逆にすごいマーケティングだなと思うのは、光文社の「VERY」だ。あれは究極のマーケティング雑誌と言えるだろう。ほぼ読者と一体化している。読者に根ほり葉ほり聞くだけ聞いて、実在の女性が浮かんで見えるような誌面作りをしている。あのリアリズムはすごい。そして、今の時代にうまく合っている。

情報の伝え手と受け手の力関係が変わっていく中で、昔のような「カッコいいファッションを教えてあげる」という上から目線の啓蒙型ではなく、「読者に教えていただいたものをみんなでシェアしましょう」という作り方が時代にマッチしているのだ。

では週刊文春も同じように、いろんな人に「どういう記事を読みたいですか？」と聞いて回ればいいかと言えば、それにはほとんど意味がない。それをしても、今までに見たおもしろかったものをベースに語られるだけで新しいものは生まれないからだ。**我々が求めているのは「見たこともないもの」であり「誰も予想がつかないもの」だ。**よって、マーケティングをしてもほとんど意味がない。

もちろん、「女が嫌いな女」などのアンケート企画をやると世間の傾向は見える。「今誰が嫌われているのか」「誰が好かれているのか」「誰が数字を持っているのか」「ガスがどこに溜まっているのか」をリサーチするという意味では、マーケティングにはなる。ただ基本的には、おもしろいもの、ビックリするものを求めているため、マーケティングは役に立たないのだ。

「読者ターゲット」についても、それぞれ媒体によって考え方があると思うが、週刊文春については性別や年齢層などはあまり考えない。そうではなくて「文春的な切り口、文春的なテイストが好きな人たち」がお客様だ。雑誌というのは、ものすごく人間臭いメディアだ。編集長以下、作っている人間の性格や感性、人間性も含めていろんなものがにじみ出てくる。それをおもしろいと思ってくれる人、「肌が合うな」「共感できるな」と思ってくれる人たちが読者だと考えている。

従来の「マーケティング」のようにカテゴリー分けしすぎると雑誌はつまらなくなる。「年配向け」を強く打ち出してしまうと、若い人がいなくなってしまう。逆に、若者に無理やり軸足を持っていくのもカッコ悪い。むしろ**「読者層」という考え方に引きずられすぎないようにしている。**ＡＫＢ48もやるし、年配の方が読みそうな健康企画もやる。何でも入っているのが雑誌のおもしろさ。「雑」であることが、雑誌のおもしろさなのだ。

「読者層」という考え方はしないが、もちろん「読者はお客様であり神様だ」と考えている。何より大切な存在だ。これからの時代はますます、読者に選んでもらわないと生き残れないし、お金を払ってもらわないと生き残れない。「読者ファースト」だ。

ただ、それは「媚びる」という意味ではない。読者に迎合的になるのではなく**「我々が最高におもしろいと思ったものをお届けします」**ということだ。料理にたとえれば、養殖モノではなく新鮮な天然モノ。それをさばく我々の腕を信頼してもらえるかどうかが勝負どころである。

「どうなるかわからない」からおもしろい

雑誌作りにしても何にしても、最初にガチッと設計図を固めてしまうと、「それを守ること」が仕事になってしまう。そのとおりに作ることが、ある種のノルマや義務になってしまう。だからつまらなくなってしまうのだ。設計図がないからおもしろい。何が起こるかわからないから、やる気が出る。まっさらな新雪を踏みしめるようなワクワク感が大切なのだ。

記者の中にも「じゃあ、今週このテーマでこれを書きなさい」と言われたときに、綿密な設計図を作る人もいる。私が特集班の「アシ」（情報収集などのサポート役）をやっていた頃、「カキ」（原稿を書く役）に「この議員にこういうコメントをもらって来てくれ」と言われたことがある。設計図は決まっていて、そこにはめ込むだけ。これではつまらない。週刊誌の世界では右に向かって走っていて、着いたら左にいた、ということもままある。**週刊誌は究極の「結果オーライ」ビジネス。**最終的におもしろいことが大事なのだ。

世の中には予定調和をめざすように躾けられているサラリーマンも少なくないと思う。これは本当に気の毒だ。何より楽しくないだろう。

伸びる記者かそうでないかを見分けるのは簡単だ。例えば「あれやってくれ」と指示をする。その指示に対して「指示どおりやったけどダメでした」と報告に来る記者は、そこまでだろう。本当に優秀な人間は「言われたとおりやってダメだったけど、こうやったらできるんじゃないですか」と返す。「こうすれば、記事は形になりますよ」「実際、こうやってみました」とくれば言うことなしだ。

例えば、舛添さんの追及キャンペーン以降、都議会ネタは右トップ（右側の大きい見出し）を飾ることが最も多い。安定的に読者の関心を集めているし、週刊文春の記事がきっかけで、現実が動くこともある。ただ毎週毎週、生ネタが用意できるわけではない。デスクが現場の記者に「小池知事についてこういう話があるから調べてみて」と指示しても、実際には事実と違うこともある。そこで記事を作れないことをデスクの責任にするのではなく、次々に新たな取材の切り口を示せるのが優れた記者だ。デスクの指示どおりに動くだけではなく**「これは俺の現場だ」と自覚して、自分なりに「こういうやり方ならできるんじゃないか」「こうすればもっとおもしろくなるんじゃないか」と提案したり、アクションを起こす人。**覚悟をもって、現場を背負える記者は、間違いなく伸びる。うれしいことに今の週刊文春編集部にはそういう記者が多い。

予断を持たず、当事者意識を持って現場に立たないと、いい仕事はできないのだ。

辛い時期こそフルスイングせよ

スクープを連発した2016年に比べ、2015年はなかなか売上も伸びず、精神的にも辛かった。

しかし、辛い時期こそ、フルスイングする勇気を忘れないことだ。本当に辛くなってくると、過去の成功体験に縛られてしまう。「韓国ネタで当たったな」「皇室ネタで当たったな」「ＳＭＡＰで当たったたな」などと過去に売れたものの焼き直しに走ってしまう。**「大きくは勝てないけど負けない戦いをしよう」という縮小再生産の発想で作ると、前よりも絶対につまらないものになる上に、思った以上に売れなかったりする。**２０１５年の厳しい状況の中でも比較的売れたのは、オリジナルのネタ、独自のスクープをやった号だった。

例えば、２０１５年9月10日号の「武藤貴也議員の未成年買春」。武藤議員が19歳の青年を相手に1回2万円で買春していた、という驚愕のスクープだ。しかも相手が男性の場合、売春防止法違反にはならないというオチがつく。こういったネタを右トップにするのは、すごく勇気が必要だった。「武藤って誰だ」と思われればそれで終わり。それでも低調な売上が続く中で少しだけ部数は上向いた。辛い時期は腕が縮みがちだが、そこは自分を奮い立たせて「今こそ、しっかり打っていこう」と思わないと、どんどん負のスパイラルにハマっていく。

しかも、思い切りバットを振ってみないとその時代の空気は読めない。ガーンと飛べば、時代の空気に合っていることがわかる。中途半端に当てにいくと、中途半端に負ける。それでは時代の空気もつかめない。中途半端な負けが積み重なって、気がつくと大きく負けてしまうのだ。負けてもいいから、とにかく振り切る。「どこに今風が吹いているのか」「人々が何を知りたいと思っているのか」「週刊文春に何を求めているのか」。**世の中の空気を知るためには、思い切ってバットを振っていくしかない。**

そういう意味で２０１６年12月に出した「ユニクロ潜入一年」は、フルスイングの企画だった。特にその時点でユニクロが世間の話題になっていたわけではない。しかも潜入取材によって、衝撃の事実が明らかになったわけでもなかった。そんな状況の中、「右トップ」で６ページやるのは「勝負」だった。それでも1年間実際に働きながら取材したという潜入の事実自体が圧倒的におもしろい。そこに懸けたのだ。

基準は「自分がおもしろいかどうか」

ユニクロの企画をデスク会議で最初に公表したとき、ほとんどのデスクが「えーっ」と驚いた。その素直な驚きを大切にしようと思った。私が最初に担当デスクから聞いたときも驚いた。おもしろいか、おもしろくないか。当たるか、当たらないか。最後は自分の中の「驚き」が重要な判断基準である。

ユニクロの企画には、横田増生さんというジャーナリストの執念と狂気があった。ユニクロについて本を1冊書き、文藝春秋が名誉毀損で訴えられた。勝訴したものの彼は取材を拒否され、記者会見にも入れてもらえない。一方で柳井正社長は「僕の悪口を言っているのは会社のことを知らない人間だから、働いてみればいい」などと言っている。「だったら働いてみよう」という横田さんの精神は間違いなく「買い」だ。誰もやったことのないようなことを、しかも1年という長いスパンでやるというのは、なかなかできることではない。

イギリスのBBCなど、海外では「潜入取材」はひとつの取材手法として確立されている。それを日本でも、もっと積極的にやっていいと思う。ロシアのドーピング問題は、ドイツのテレビ局によるスクープだった。潜入取材をして隠し撮りで全部、現場を押さえていたわけだ。日本の他のメディアはコンプライアンスを気にしてなかなかやらない。だからこそやる意味がある。法的問題も含めて入念にリスクコントロールするのは当然だが、こうした姿勢を保っていれば読者の方からも信頼していただけるのではないか。

常に「本音」で「本当のこと」を伝えることが信頼につながる。週刊文春の記事をテレビのワイドショーが取り上げることは多いが、報じられた相手によって、取り上げたり取り上げなかったりする。芸能界は最たるものだが「強い事務所はやらない、弱い事務所ならやる」というのが当たり前になっている。今、ネットをよく見る人であれば、「本当のこと」に気がついてしまっている。「権力にコントロールされている既存メディア」に、みんな気がついてしまっているのだ。そんな中で、どうやって信頼を勝ち取るか。そのためには、**「ムラの掟」に縛られずに、読者がおもしろいと思うこと、読者に読んでほしいことを、リスクを恐れずに伝えていく姿勢を堅持するしかないのだ。**

何もない「更地」に「新たなリング」を立てる

ユニクロの企画のように「独自の戦い」が軌道に乗ると強い。なぜなら、週刊文春からしか基本的に情報は出ないからだ。週刊誌に限らず、あらゆるビジネスにおいて「自分でリングを設定し、主導権を握ったところ」が勝つ。後を追いかけてそこに乗っかっても、そのルールは最初にリングを作った人が決めている。よって、最初にリングを作った人に勝てるわけがないのである。

ただし、それにはリスクが伴う。誰も作ったことがないリングだから、お客さんが誰も来ない可能性もある。どうやってそのリングに注目を集め、お客さんを呼んで来て、おもしろがらせて、試合を盛り上げていくのかが大切になってくる。

一連の舛添さん騒動の後、世の中が次のテーマを探しあぐねているような空気のなか、何週か独自ネタを続けた。プロ野球選手の斎藤佑樹氏に関して「汚れたハンカチ」と題して、出版社社長へのポルシェおねだりを右トップでスクープした。日本ハムとの関係性を考えてか、東京スポーツ以外のスポーツマスコミは沈黙したが、ネットでは大いに話題になった。その他、青山繁晴氏、三菱東京ＵＦＪの不適切融資も独自ネタとして右トップに置いた。こんなときはいつも高杉晋作の句を思い出すのだ。「おもしろきこともなき世をおもしろく」。

ビジネスがうまくいっていないときほど、他人のリングで戦おうとしてしまう。それではどんどん縮小していくだけだ。既にお客さんがある程度入っていて、それなりに商売になっているリングに上がっても、分け前はあまりない。

うまくいっていないときこそ勇気を出して、何もない更地に新たなリングを立てねばならない。「こっちもおもしろいですよ」とそこにお客さんを呼びこまないといけない。

甘利氏の件も、世間には甘利の「あ」の字もない段階で出したスクープだ。ＴＰＰの立役者としては知っていても、金銭授受など思いもよらない。しかし、思い切って出したら、発売前日の「ＮＨＫニュース７」で週刊文春の表紙と誌面が出た。そこでドカーンと爆発したわけだ。もちろん、初めからそんな保証はない。ＮＨＫに事前に言っていたわけでもない。「賭け」に勝ったのだ。

売れる企画の条件は「サプライズ」と「クエスチョン」

おもしろさを追求せよ、といっても週刊誌もビジネスだ。当たり前だが、売れなくては成り立たない。「おもしろい」と「売れる」ということの関係、バランスはどう考えればいいだろうか。

まず先に考えるべきは、圧倒的に「おもしろいかどうか」だ。「売れる」ことは目指すが、順番はまず「おもしろいかどうか」が先。自分がおもしろいと思うことを、世の中がおもしろいと思ってくれるかどうか。多くの人がおもしろいと思ってくれれば売れる。そこは、自分の感覚を信じるしかない。

自分の中では最近になって、「おもしろい」と「売れる」を両立させるためのキーワードが見つかった。ひとつは「サプライズ」。もうひとつは「クエスチョン」である。

事実のおもしろさ、インパクト、驚き。やはり、サプライズは大切だ。読んで驚く。見出しを見て驚く。「へーっ」とか「えーっ」「あの人がそんなことを？」というのは雑誌を売るためにもシンプルに大切だ。ユニクロの件はわかりやすい例だろう。

もうひとつは、**世の中の人が知りたいと思う「？」が、どのくらい残っているのか。**例えば、高畑裕太氏の事件があったときに、多くの人が「真相は何なんだ？」と、モヤモヤした気分になっただろう。我々はその後、かなり深い真相にたどり着けたため「全真相」と銘打ち特集した。この号はよく売れた。成宮寛貴氏の件でも「告発者Ａって誰なんだ？」というクエスチョンに答えようとした。世の中の疑問にしっかり答えることが売れ行きにつながった。

新聞やテレビで大々的に扱っているネタは、取り上げる上で安心感はあるが、一方で「コモディティ化」もしている。そこにどれだけ「クエスチョン」が残っているのか。例えば、アメリカのトランプ大統領について「日本人が週刊文春に４００円払ってまで何を知りたいのか」をきちんと考えることだ。トランプについての「？」が、どのくらい残っているのか。そこを突き詰めなければいけない。

そして、そのクエスチョンに対するオリジナルの答えをどのくらい用意できるのか。

それをきちんと読者に提示できるのであればやろう、と判断する。「トランプが話題だから、トランプを出せば読者は買う」というような甘いものではない。みんながモヤモヤとしていた、トランプについての「知りたい」に対する答えが、スッキリと書いてあれば読者は買ってくれるだろう。

２０１６年11月、トランプ氏と安倍首相が大統領就任前に会談をした。週刊文春では、そこで何が話し合われたのかをジャーナリストの山口敬之さんにレポートしてもらった。記事では推測の形をとっているが、日本人なら誰もが気になる「どんなことが話し合われたのか」という疑問に対する答えが、あの時点では、どのメディアよりも詳しく書かれていたはずだ。

このように、多くの読者が抱いているであろう「クエスチョン」から逃げないこと。そこに答えを出す努力を最大限する。読者の知りたい気持ちに応えること。あわせて、読者が思いもよらなかったような「サプライズ」も提供していく。その両方の条件を満たすことが、お金を出してもらえるおもしろい雑誌を作る方法なのである。

「文春砲のターゲット」はどう選ぶ？

「次は誰を狙うのですか？」と最近よく聞かれる。

だが、**週刊文春では、「誰かを狙う」という考え方はほとんどしない。**まず、ネタありきだ。ベッキーさんでも甘利さんでも、現場からネタが上がってきたところから、全ては始まる。多くのネタがある中で「どれを載せて、どれを載せないか」を「サプライズとクエスチョン」などの基準をもとに判断するわけだ。

誰のことならお金を払ってまで知りたいのか。その人物を報じることに公共性・公益性はあるのか。つまりその記事は世の中のまっとうな関心に応えていると言えるのか。そこはしっかり見極めなくてはいけない。

ちなみに、結果的に完売になる号は前日に「何か」が起こることが多い。

甘利さん、ベッキーさん、宮崎さんは、発売前に記事に対して、記者会見などのリアクションを取らざるを得なくなっていた。ショーンKさんの学歴詐称疑惑を報じた号も売れ行きは好調だったが、やはり前日にショーンKさんが活動自粛するというニュースが発表された。そうしたリアクションを受けて、世間は「なんだなんだ!?」「ただならぬことが起こっているぞ」と反応する。新聞やテレビも当事者に動きがあると、追っかけやすくなる。そうやって話題が広がっていくと雑誌は売れる。逆に**何の反応もないと、いくらすごいスクープでも、スルーされて気がつかれないこともある。**

典型的な例が、ＥＸＩＬＥの事務所ＬＤＨが日本レコード大賞を1億円で買ったというスクープだ。誌面にはバーニングプロダクションがＬＤＨ宛に出した1億円の請求書の写しまで掲載したが、新聞もテレビも一切黙殺した。ただいつものことだが、ネット上では爆発的に拡散した。週刊文春ＷＥＢには瞬く間に１７２万件のアクセスがあった。こうした新聞・テレビとネットとの温度差は拡大する一方であり、それこそが既存メディアの存続を危うくしているのだ。

見出しがすぐに浮かぶ企画がいい企画

企画の良し悪しを見極めるひとつの大きなポイントは「見出しが付くか付かないか」

だ。「こういう話がありまして……」とデスクが説明しているのを聞きながら、私がパッと見出しを思いつくような企画にはしっかりした切り口がある。「この人はこう見えて実はこんな人でした」というところに意外性があったり、どこかに引っかかりがあれば、タイトルはそこをスパッと切りとる。タイトルがすぐに付くのは、いい企画だ。

では、いいタイトルとは何か。ここで私のタイトルの付け方について述べたい。

まず、**説明的なタイトルはよくない。**中身に自信がないときほど、タイトルで説明したくなる。「この記事のおもしろさをわかってもらえるかな」と不安になると、いろんな要素を盛り込みたくなる。タイトルで説明して、リードで説明して、それでも不安だとサブタイトルを付けて説明する。一生懸命「こんなにおもしろいことをやっているんだ」と説明したくなるのだが、本当におもしろければ、くどくどと説明しなくても伝わる。直球でビシッと、例えば「ユニクロ潜入一年」「シャブ&飛鳥の衝撃」など、インパクトがあるタイトルが生まれる。

私は、小学生の頃からあだ名をつけるのが得意だった。あだ名をつけるには、少し残酷な言い方だが、みんなが何となく感じているけど、相手にとっては触れられたくないところをピンポイントで突いて、極大化することだ。そういうあだ名は定着するのだ。その人の核心、本質、しかもあまり触れられたくない部分を、ビシッと突く。そして、そこをいかに広げて大きくしていけるか。この感覚は見出しをつけるときにも役立っているように思う。誤解のないように言っておくが、「弱いものイジメ」はダメだ。嫌な先生とか、いつも威張っていて感じが悪い相手につけるのが基本である。

また、**タイトルは短いほうがいい**。週刊誌だと、単純に短いほうが字が大きくなる。中吊りでも、新聞広告でも、目次でも、短いほうが物理的に大きくなるのだ。なるべくタイトルを短くして、ダーンとでっかい活字でびっくりしてもらう。

タイトルは慣れていない人がつけると、ものすごく「おさまりのいい」ものになりがちだ。「○○の舞台裏」「○○の全真相」「○○の素顔」「○○の正体」……だいたいみんなが見たことのあるようなものになってしまう。私は、なるべくそういう言葉は使わないようにしている。

もちろん、全く使わないわけではない。「正体」「全真相」といった慣用句は、とっておきの場面でこそ使う。本当の意味での全真相だったり、本当にみんなが正体を知りたいと思っている人の正体に直球で迫るときには「○○の正体」と大きな活字で打つ。

「ワイド特集」の小さい記事も、あまり見たことのない見出しにしようとひとつずつ考える。例えば、元巨人の野村貴仁さんに週刊文春の記者が取材した。ボクシング経験のある記者はミットを持参した。野村さんは俄然興味を示し、即席のスパーリングが始まった。その際、野村さんは「ワンツー、スリー」でわざと記者のボディを打った。もちろん本気ではないが、記者の報告を聞いた私はすぐに「野村貴仁が本誌記者のボディに一発」というタイトルを思いついた。他にも「ザッピング二股愛」という見出し。これはジャニーズのタレントがテレビ局の女子アナ二人と付き合っていた疑惑について報じた記事だ。「6チャンネルから8チャンネルにザッピングしちゃったのかな」と思い、こういうタイトルにした。スキャンダル記事でも相手を断罪するのではなく、こうしたちょっと笑えるような要素を意識的に入れている。

また、花田さんがよく言っていたのは**「声に出して読んでみて気持ちいいのがいいタイトルだ」**ということだ。リズム感、語感のいいもの。見た目のインパクトに加えて、声に出したときの通りのよさ、響きのよさも大切だ。「シャブ&飛鳥」は響きがよかったから人口に膾炙した。ちなみに「ゲス&ベッキー」は「シド・アンド・ナンシー」から付けたものだ。

酒のつまみになるタイトルかどうかも意識する。「ユニクロ潜入1年かよ」というふうに話題になりそうかどうか。今、企業の広報の人に会うと、よく「うちには潜入してないですよね？」と聞かれる。そこで「うちは張り込み、直撃だけじゃなくて、潜入もありますから」と冗談で言ったりすると「えーっ」と驚かれる。

「森喜朗79歳。何がめでたい」もデスクの意見をそのまま採用したのだが、「いつまで地位にしがみつくのかね」と酒場のネタになる。普通に「森喜朗の高笑い」とやるよりも「何がめでたい」とやったほうが「国民はめでたくねぇよ」とツッコミたくなるだろう。都議会自民党の内田茂氏には「都議会のドン」のレッテルを貼った。デスク時代には鈴木宗男さんのキャンペーンを続けるなかで、「疑惑のデパート」というタイトルを思いついた。それを辻元清美さんが国会で「疑惑のデパートというより総合商社だ」と発言して、一気に広がった。

ネタの先、タイトルの先に広がりがあるかどうか。**魅力のある「色っぽいタイトル」をつけたい。**ちょっと気になったり、引っ掛かったり、二度見しちゃったり、「あれっ」と思われるようなタイトル。そういうタイトル付けを心がけている。

大切なのは「どうなる」ではなく「どうする」

本章では週刊文春の企画や発想について述べてきたが、その考え方の全ての源にあるのは「どうなるのだろう？」という不安ではなく「どうするのか」という意志である。前向きに考えること。そして、攻めの姿勢である。

中学生のとき、司馬遼太郎さんの『燃えよ剣』を読んだ。その後、何度か読み返しているのだが、強く印象に残っている一節がある。

沖田総司が土方歳三に「新選組はこの先、どうなるのでしょう」と訊ねる。土方の答えはこうだ。**「『どうなる』とは漢の思案ではない。漢は『どうする』ということ以外に思案はないぞ」**。大切なのは「どうなるか」と心配するよりも「どうするか」である。状況に呑み込まれるのではなく、自分が主導権を握って状況をコントロールすることだ。「自ら状況を変える」ということで言えば、忘れられないスクープがある。

90年代は、今とは比べものにならないくらいメディアのあいだにヒエラルキーがあった。ＮＨＫ、大手新聞、テレビのキー局などが上位グループ。週刊誌は最下層だ。ほとんど相手にしてもらえない。捜査当局なんて門前払いだった。

それが劇的に変わったのが、「ＮＨＫ紅白歌合戦」のプロデューサーを務めた人物の横領をスクープした２００４年だった。ＮＨＫのチーフプロデューサーが番組制作費を実績のない会社社長に払い、一部をキックバックして懐に入れていた問題を中村竜太郎記者がスクープし、「ＮＨＫ紅白プロデューサーが制作費８０００万円を横領していた!」と報じた。そのときの担当デスクが私だった。

ＮＨＫは発売の２日前に会見してこの問題を発表。スクープ潰しの常套手段だが、我々がＮＨＫの内部資料など、決定的な証拠を持っていたため、新聞やテレビ各社の社会部記者が「レクチャーしてほしい」と列をなした。我々が新聞やテレビの記者にレクチャーする!　かつてを思うと、まさにコペルニクス的転回であった。

それ以前にもヒエラルキーが崩れ始める変化を感じていた。小泉純一郎政権誕生と同時に特集班デスクとして週刊文春に戻った２００１年以降だ。当時、田中眞紀子氏や鈴木宗男氏らのスキャンダルが国会をにぎわしていた。週刊文春がスクープを握っているときには、新聞、テレビなどともずいぶん協力した。

田中眞紀子氏の秘書給与疑惑の際は、文春と新潮が同着になるとわかったため、発売前にＴＢＳに「明日発売の週刊文春によると」というかたちで報じてもらったり、共同通信に「週刊文春の報道でわかった」という記事を書いてもらったりした。

こうした戦略、戦術は今も受け継がれており、甘利大臣のスクープもまさにその延長線上にある。情報の世界では、「ネタ」を持っている者だけが主導権を握ることができる。自分でリングを設定し、自分でルールを作ることができるのだ。

現状を嘆くのではなく、未来に対して「どうなるのだろう」と心配するのでもなく、

「どうするか」と自ら道を切り開く。常にそういう姿勢でいたいものである。

第3章

難攻不落の相手から
「YES」を引き出す

依頼／交渉

悩む暇があるなら、やれることは全部やれ

前章で「我々の仕事は不可能を可能にすることだ」と述べたが、では現実的にどう不可能を可能にするのか。本章では、「おもしろいもの」「見たことのないもの」をカタチにする上で、依頼、交渉を含めたコミュニケーションや、取材をどのように行なっているかについて述べていきたい。

インタビューの依頼やコラム執筆のお願いなど「接点もなく、全くゼロから何かをオファーする」ときに気をつけていることがいくつかある。

まず当然だが、相手についてよく研究することだ。「今、何に関心を持っているのか」「どういうことにメリットを見出すのか」。そして「それがこちらのやりたいことと合致するかどうか」を見定める。また、側面から支援をしてくれそうな人がいたら、そこに頼ることもある。「文春からこんな話が来てたと思うけど、受けたほうがいいよ」と言ってもらうことで効果がある人がいれば、その人に頼る。

だが、基本的には「直球」でお願いすることが大半だ。あらゆる交渉に「成功のため

のマニュアル」などない。最後は誠心誠意しかないのだ。なぜそのオファーをするのかを本気で伝えることだ。連載のお願いだったら「なぜ今、週刊文春にあなたの連載がほしいのか」を、正直に、一生懸命、相手の目を見ながら伝えるしかない。

例えば、豊田章男さんに本を書いてほしいと思ったとしよう。あなたならどうするだろうか。秘書や広報に正面突破で臨んでも難しいかもしれない。ならば、章男さんと親しいジャーナリストに聞いてみようと思うかもしれない。ここで大切なのは「思ったことは全てやってみる」ということだ。**「どうすればいいかな」などとウジウジ考えるより「やる」ことだ。**やっているうちに、きっとまた新たな突破口が見えてくる。

章男さんと親しいジャーナリストに聞いてみたら「あいつのほうが近いんじゃないの？」と、さらに有効なルートを教えてくれる可能性もあるだろう。まず動いてみないと、事態は何も変わらない。「これはやっても、意味がないかな……」などと評論家みたいなことを言っている場合ではない。やってダメならまた次の策を練ればいい。走りながら考える癖をつけることだ。

そして、どんなプロジェクトもそうだが、**熱がないものはうまくいかない。**現場にひとりでも「これを成功させたい」と強く思っている人がいないとダメだ。「なんとなくやる」というのは最悪である。「なんとなくこの人売れてるから」とか「上に言われたから、この連載あったほうがいいんじゃないの？」くらいの考えでやっても絶対にうまくいかない。「この人、いいっすよ！」という「熱の塊」みたいなものがないと、おもしろい仕事にはならないのだ。

まず頼んでみる。断られてからが仕事

飯島勲さんと出会ったのは、2001年のことだ。

小泉政権が誕生してまもなく、ある新聞社の政治部長に「お前、飯島さん知ってるの？」と聞かれた。「いや、知りません」と言うと「小泉政権を取材するなら、飯島さん知らなきゃ話になんないよ」といって紹介してくれた。その政治部長と飯島さんと私とでホテルの中華料理店で食事をした。デスクだった私は「現役の総理に週刊文春のインタビューに出てもらうのが夢なんです」と伝えた。当時は小泉ブームが本当にすごかった。今まで現役の総理が週刊誌のインタビューを受けることなど考えられなかったから、小泉さんに出てもらえれば大きなインパクトがあると思ったのだ。飯島さんは

「そうか、そうか。わかった、わかった」と言っただけだったが、感触は意外によかった。

その後飯島さんとサシで会うようになった。彼はいつも、赤坂プリンスホテルの「ポトマック」という喫茶ラウンジにいた。電話で「ポトマックに夕方5時」などと言われて、よく会ってもらった。しつこく「小泉さんに出ていただく話ですけど……」と言うと「ああ、わかった」とそんなやりとりが続いた。

池宮彰一郎さんという歴史小説家がいた。小泉さんは池宮作品の愛読者だった。「池宮さんとの対談なら実現するかも」と思い、改めて飯島さんに頼んだ。結果的に小泉・池宮対談は2回も実現した。遂に週刊文春に現役の総理に出てもらえたのだ。今でこそそれほど珍しくはないが、当時は快挙だった。実現してくれた飯島さんには心から感謝し、池宮さんも交えて御礼の会食もした。

飯島さんとの良好な関係はその後も続いた。ちょくちょく会っては「週刊○○、頭にきちゃうよな。訴えようと思うんだよ」「大変ですね」などと会話を交わしていた。

しかし週刊誌の宿命で、ある日、当時の編集長に「小泉批判キャンペーンをやれ」と命じられた。私が担当デスクとなり取材班を組み、あらゆる角度から小泉批判をやり始めた。最初は、飯島さんもまだまだ余裕があり「またやってるのか。横須賀にも記者を入れてるらしいな」と電話がかかってくるくらいだった。私も「いやいや、まあまあ」とお茶を濁していた。

そのうち、その鉾先が飯島さん本人にも向いてきた。「小泉訪朝の陰には北朝鮮の工作員と飯島さんとの密会があった」という記事が出た週のこと、飯島さんはブチ切れた。「もう訴えるぞ！　謝罪広告出させてやる！」と言われ、私も「しょうがないですね」と答えるしかなかった。結局、東京地裁に名誉毀損で訴えられた。飯島さんと私は証人尋問に出て直接対決することになった――。

あれから約10年後、私は編集長になった。「何か政治コラムをやりたいな」と思ったときに最初に思い出したのが飯島さんだった。やはり飯島さんは永田町の裏の裏まで知り尽くしており、切れ味鋭く抜群におもしろい。激辛で本音ベースな人だ。間に入ってくれる人もいたおかげで、久しぶりに飯島さんと会った。「東京地裁以来だな」と言われた。私は「実は、飯島さんに政治のコラムを書いてもらいたいんです」と単刀直入にお願いした。断られるかと思っていると意外にも「俺でいいの？」と言う。すごく喜んでくれたのだ。かくして関係は修復された。飯島さんの器の大きさがありがたい。

実現したいことがあったら、難しそうでもまず頼んでみることが大切だ。最初から可能性の幅を狭くしてはいけない。「あの人には一度怒られたから」「もうあの人は敵だから」「無理に決まっている」とあきらめるのではなく、やはりおもしろいと思ったら、相手が誰でもそこに縛りをかけないことだ。**とにかく、常に「ベストのシナリオ」を描いて、まず頼んでみる。**断られたら、また考えればいい。そして、1回断られたぐらいであきらめてはいけない。あなたの熱意はその程度のものなのか、ということだ。

よく現場の人間にも言う。**断られたところから俺たちの仕事は始まるんだ、と。**「ファーストアタックは失敗だったけど、次はどういう口説き方があるか」を全力で考える。編集者や記者の仕事は、口説く仕事だ。そして、私たちの仕事にはマニュアルがない。「こうすれば口説ける」という答えはない。そこは、みんなそれぞれ考えるしかない。

真摯な説得と地道な裏づけ取材

橋下徹氏の「スチュワーデス姿の私を抱いた！」というスクープをやったときの話だ。事の始まりは、橋下氏と関係のある女性がいるという情報を記者がつかんだことだ。記者は早速、その女性と接触した。接客業の女性だった。初めは、週刊文春の記者という身分は明かさず、ずっと客として付き合っていた。

あるとき「実は私は週刊文春の記者で……」と打ち明けた。「驚かせて申し訳ないが、橋下氏とお付き合いしていたというのは本当ですか」と改めて聞いて、徐々に話を引き出していった。

雑談ベースで話は聞けたものの、その女性の了解なしに、記事を出すことはできない。そこで記者はこのような話をして説得を試みた。

「橋下氏は、場合によっては総理大臣になるかもしれないくらいの、大きな影響力を持った存在です。その人について、どんな人物なのか、その全人物像を世の中に広く伝えたい。それがいいとか悪いと断ずるつもりは我々にはありません。ただ、世の中の人たちがそれを判断するための材料として事実を伝えたい。女性に対してどういうスタンスで接する人物なのか、というのも橋下氏を知る上では必要な情報なのです」と。

このように**真正面から、真摯にその女性を説得していった。**すると、最終的に「わかりました。顔と名前を出さない形だったらいいですよ」と承諾してくれた。そして、首から下の写真と、克明な証言を掲載したのである。

ただ、取材は証言をとって終わったわけではない。最初は一人の記者が話を聞き、その後二人でもう一度詳しく聞き直す。繰り返し、何度も話を聞く。そして、時系列の取材データを作っていく。

女性の証言を裏づける客観的な証拠も集めなければならない。「メールは残っていませんか?」「携帯の着信履歴はありますか?」「手帳に何か書いてありませんか?」「会ったのはいつですか? 日付を特定できますか?」と聞いていく。行ったお店や旅館を特定したら、ひとつひとつ足を使ってつぶしていくわけだ。「橋下さんは本当に来ましたか?」「女性は一緒でしたか?」と聞いて回る。

その女性は「これは橋下さんにもらったネックレスです」とも証言してくれた。「○月○日に、どこどこのお店で買ってもらったものです」と言う。そこで我々は、そのネックレスの写真を撮らせてもらい、実際に買ったという店まで行った。当時の伝票を全部確認してもらったところ、証言の裏づけを取ることができた。

また、橋下氏がお気に入りだったというホテルにも行き「このスチュワーデスのコスプレは本当にありましたか?」と聞いた。全部克明にひとつひとつ裏づけを取って、記事を出したのだ。橋下氏はこの記事が出た後の会見で「今回は『バカ文春』とは言えませんね」と言った。**スクープとは、懸命な説得と地道な裏づけ取材の積み重ねから生まれるものなのだ。**

しゃべる気のない人をその気にさせる方法

取材の基本動作に「地取り」がある。地取りというのは、もともと警察用語だ。事件が起こった家があったとすると、その家を中心にまわりの住宅地図を区分けし、「お前はAブロック」「お前はBブロック」と分担して、一軒一軒インターホンを押して「なんか変わったことはありませんでしたか？」と聞いていくのだ。

そのときに、どうやって相手が「しゃべりたくなる」雰囲気にするのかは、人それぞれで、マニュアルはない。地方だと「東京から来たんです」と言うだけで「わざわざ東京から？」と言って心を開いてくれる場合もある。雨のときに傘を差さないで、家の前で立っていたりすると「とりあえず入りなさい」と言われることもある。手土産を持って行って近づくこともあれば、「この人はキーマンだ」とわかったときには、手書きで丁寧に手紙を書いて持って行くこともある。

とにかく、どうすればしゃべる気のない相手が、自分のために時間を取って、しゃべってくれるのか。何の得もないのに、口を開いてくれるのか。そこを自分なりに一生懸命考えるしかない。

繰り返すが、事件取材もビジネスも基本はマニュアルではない。全ては人相手。**理屈を1回取っ払って、裸の人間同士で状況に向き合う。**そこからしか始まらない。

江角マキコさんの芸能界引退で改めて注目されたのが、週刊文春がスクープした長嶋一茂邸への落書き事件だ。あのときは、新入社員の女性記者が大活躍した。一茂邸のまわりを地取りしていると、たまたま落書きの写真を撮っていた人に行き着いた。彼女は新入社員にしては物おじしないタイプで愛嬌がある。今では編集部内でも「彼女の地取りは最強」と称賛されるくらいだ。彼女が粘り強く交渉した結果、写真を提供してもらえることになった。論より証拠。あの写真のインパクトは絶大だった。

ちなみにショーンKさんの卒業アルバムを同級生の親御さんから借りてきたのも彼女だ。あのときは地元の熊本で警戒されてしまい、卒業アルバムを入手するのに苦労していたが、彼女は手土産持参で丁重に頼み、見事に成功した。ゴリゴリと押すばかりが取材ではない。女も男も愛嬌が肝心なのだ。

一筋縄ではいかない人物との交渉

甘利氏の金銭授受問題を告発したのは、一色武氏というある企業の総務担当者だった。一色氏が最初にネタを持ち込んだのは、実は大手の新聞社だった。もともと面識があった大手新聞社の社会部の記者のところに持っていった。しかし、その記者は気のない様子で話を聞き、自分のコーヒー代も払わないでプイッと帰ってしまったという。一色氏は残念な気持ちになった。それが2015年2月の話だ。

ほどなくして、一色氏から週刊文春の記者に連絡があった。「甘利氏の秘書と会って現金を渡して口利きを頼んでいる」という贈収賄の話だった。デスクを通じて報告を受けた私は、あまりに絵に描いたような話なので「今どきそんな話ないだろ」と半信半疑だった。その段階ではまだ情報もボンヤリとしたものだった。ただ、もし事実なら大スキャンダルだ。私は取材を継続するよう伝えた。

記者は一色氏と面識はあったが、深い付き合いはない。最初からペラペラと簡単に口を開くような雰囲気ではなかった。右翼団体に所属していたこともあり、押したり引いたり一筋縄ではいかない人物なのだ。

記者は一色氏と信頼関係を築くために、一緒にお茶を飲んだり、食事をしたり、飲みに行ったりした。夜遅くまでフィリピンパブに入り浸ったこともあったという。**四六時中付き合いながら信頼関係を深める努力をした。**もともと一色氏の目的は甘利サイドの政治力を使ってＵＲ（都市再生機構）から補償金を引き出すことだ。週刊文春に告発しても自ら逮捕されるリスクを背負うばかりで、大きなお金を手にすることなどできない。記者の粘り強い交渉と説得の結果、一色氏は少しずつ真相を語り始めた。

ただ一色氏に限らず、告発者は途中で必ず揺れる。一度決断しても不安になって前言を翻すことがままある。相手が強大な権力を持っている場合はなおさらだ。そんなとき記者にできることは、何時間でも告発者に寄り添い、話を聞き、共感を示すことだ。不安を取り除くための努力なら何でもするという姿勢をとことん示し続けることだ。

一方で記者は、一色氏の証言に丸乗りして記事を作ったわけではない。綿密に事実確認を進めた。まずは一色氏にも伝えずに、彼と甘利氏の地元事務所長の行動確認を始めた。毎週ほぼ同じ時刻に会合を持つという喫茶店を何度も張り込んだ結果、店内でお金を渡している決定的な場面の撮影に成功したのだ。一色氏も最後は腹を括り、甘利さんに金を渡したときの大臣室の写真を含めて、全ての証拠を開示してくれた。

「何のために働いているのか」を常に考える

いろんな交渉や取材に臨むときに怖くはないのか、と聞かれることがある。

あらゆる場面で私が最優先に考えるのは「自分は週刊文春の看板を背負っている」ということだ。「私個人が」相手からどう思われるかよりも、「週刊文春が」どう思われるか。看板を背負って向き合っているということを忘れてはいけないと思っている。

その看板の後ろには、何十万人の読者の方がいる。その人たちの知りたい気持ちに背中を押してもらっている。そう考えるとすごく心強い。**多くの人を代表して聞くのだから、やはり聞くべきことはきちんと聞かなければいけない。**その場で相手を気持ちよくさせて、迎合することが仕事ではない。

取材で卑屈な態度をとったりすると、週刊文春がバカにされる。「ガーンと言ってやったら文春の人間はすぐに折れる」「ちょっと脅かしゃ簡単だよ」といった噂は瞬く間に広がる。私としては、それは耐えがたいことだ。もちろん逆もある。「文春の人間にこんな偉そうなことを言われた」「恫喝まがいの取材を受けた」という評判も、あっと言う間に拡散してしまう。看板に傷がつくような振る舞いは、絶対にできない。インタビュー、取材、交渉にあたって、文春の看板は自分の心を励ましてくれる。

歴代の編集長、編集部員が築き上げてきたものを傷つけてはいけないという思いは強い。相手が誰であっても、態度は変えず、言うべきことは言うし、書くべきことは書く。「雑誌は編集長のもの」というのは文藝春秋の伝統だ、と入社以来言われてきた。それもあり「編集長になったら、やりたい放題、好き放題できるのかな」と思っていた時期もある。しかし、実際に編集長になったときに強く感じたのは「大変なものを預かってしまった」という畏れだった。これを自分の任期中に傷つけることなく、少しでも輝きを増すように磨き上げて、次の編集長に渡す。それまでのあいだ「預かっているのだ」という意識が自然とわいてきた。それは今も、全く変わっていない。

だから、どんな場面でも、その看板に傷をつけるような行為は絶対にしない。「これは文春らしいのか、らしくないのか」「文春の看板に傷がつくのか、磨き上げることにつながるのか」。それを全ての判断の基準にしている。目の前の１本の記事を出すか出さないかを含めて、あらゆる判断の大本にあるのは、その基準だ。

どんな仕事であれ、どんな立場であれ、ようするに「何のために働いているのか」を常に考えておくべきだ。**自分が少しでも世の中の役に立ちたい、人々の幸せな暮らしに寄与したいと思ったときに、この目の前の仕事がそこにどう関係するのか。**そのことについて自分で納得できるかどうかだ。それは週刊文春の記者にとっても全く同じだ。最初から誰かを傷つけようとか、誰かの人生を目茶苦茶にしようと考えて取材している記者は少なくとも週刊文春には一人もいない。この記事を世の中に伝える意義、意味とは何か、それぞれの記者が日々、自問自答を繰り返している。

「何のために働いているのか」を示すのは、リーダーの仕事でもある。菅義偉さんが官房長官としてあれだけ高い評価を受けているのはなぜか。菅さんのもとで働いている人たちに話を聞くと、共通して返ってくる答えがある。「菅さんの指示にはゴールがある」と言うのだ。「何々をしてくれ」と言われたときに、その仕事をした先にどういうゴールがあるのかという到達点まできちんと示してもらえるから、目の前の仕事の意味がよくわかる。**目指すゴールが明確だと目の前の仕事に取り組む姿勢も変わってくる。**その仕事のクオリティも当然変わってくるだろう。

記者の仕事であれば「なぜここで今、張り込んでいるんだろう」「相手に直撃して、このことを聞くことによって、どういう記事が最終的にできるんだろう」、そして「その記事を世に出すことにどんな意味があるんだろう」というゴールがしっかり見えているかどうか。「とにかく立ってろ」「とにかくこれだけ聞けばいいから」と言われるのとでは、仕事に臨む姿勢がまるで変わってくる。

いいリーダーはそれをきちんと示すことができる。そして、やる気のある部下は目の前の仕事の意味をきちんと求めるものだ。もしリーダーがそれを示さないのであれば、説明を求めるべきだ。それを説明できなければ、まともなリーダーではない。

全ての出会いは一期一会。聞くべきことはその場で聞け

森功さんというノンフィクション作家がいる。週刊文春のデスクだったときに、彼と一緒にＪＡＬの取材をしたことがあった。

当時のＪＡＬの社長、新町敏行さんのところに森さんと二人でインタビューに行ったときのこと。普通だと「お忙しいところありがとうございます」などと言ったりするところを、森さんは席に着くなり「新町さん、辞めないんですか？」と聞いた。これには

すごく驚いた。

取材のやり方は人それぞれ、ケースバイケースだ。これといった正解はない。ただ多くの場合は、少し場をほぐし、相手の口も滑らかになり、空気が気持ちよくあたたまってきたところで核心に入って行くというのがオーソドックスなやり方だろう。私もどちらかといえば、そうだ。森さんにしても、いつでも単刀直入な取材をしているわけではないと思う。ただ、ＪＡＬのケースでは、冒頭で剛速球を投げ込んだときの新町社長の表情やリアクションを見たかったのだろう。そこには言葉以上に多くの情報が含まれていたはずだ。

一方でダメなのは、相手の心をほぐして気持ちよくしゃべらせただけで終わり、というパターン。やはり「そろそろいいかな」と思ったところで、**バシバシ核心に迫り、聞くべきことを聞いていかなくてはダメだ。**

ショーンＫ氏にインタビューしたときの話。最初、彼は「立て板に水」で、自分で作ったストーリーを滔々と語っていた。記者もデスクもそれをずっと聞いていた。なんとなくそのまま時間ばかりが経っていくような展開だったため、同席していた私はだんだん我慢ができなくなってきた。話を遮るように「ちょっとあの写真出して」と記者に言い、彼の高校時代の写真を本人に突きつけた。「これ、あなたですよね?」と。「顔全然違いますけど、整形してるんですか？」と直球で聞いたわけだ。すると、彼はギョッとなり、「そんなプライベートなことまで……」とうろたえ始めた。

私は続けた。「べつに整形していることが悪いと言いたいのではありません。ただ、ニュース番組のアンカーマンというのは、世の中に大きな影響を与える立場です。だから、あなたがどういう人なのか、バックグラウンド、プロフィールを含めて報じるべきだと思います。あなたが整形をするほど、自分の外見にこだわるタイプの人なのかどうか、私は知りたいし、読者に伝えたいと思う」と。

そこから彼の発言が揺れ始めた。さらにビジネスパートナーとして彼がホームページに掲載していたアメリカ人の写真が全くの別人だったことを示す証拠などを次々に見せると「ダメだと思います」を連発し始めたのだ。そのときに、フジテレビの広報が止めに入った。「そろそろお約束の1時間です」と言う。私は「いや、ちょっと待って。今、ショーンさんは自分の人生を懸けてしゃべっているんだ。きちんとここで、我々を納得させられるだけの説明ができるかどうかが、非常に大切なんだ」と言った。ショーンK氏も「いや、大丈夫です、僕は」と言って、さらに1時間くらい取材は続いた。

私は、誰かに会うときは常に「一期一会」だと思っている。**「次に会うときに聞けばいいや」というのではダメ**。聞くべきだと思ったことは、その場で聞かなければいけない。

ネガティブなことほど、早く、率直に伝えよ

言いにくいことや聞きにくいことほど、率直に伝えるべきだ。

編集者の仕事でいえば、「原稿がおもしろくない」と伝えるときや、企画を断るときは相手を不愉快にさせる可能性があるため躊躇しがちだ。しかし、こうしたネガティブな事実こそ、正直に言わなければダメだ。曖昧に伝えてはいけない。**曖昧にすると相手も期待して、かえって事態は混乱してしまう。**

そして、相手にとってマイナスな情報ほど「早く」伝えたほうがいい。なぜなら、そのぶん早く状況を修復できるからだ。いつまでも「どうなったんだろう……」と思わせるよりも「ダメなものはダメです」とはっきり言ったほうがいい。

最悪なのは「これは伝えたくないな」という後ろ向きな気持ちが重荷になり、逃げまくること。こういう人をよく見かける。先送りし続けても、どんどん状況は悪化していくばかりだ。相手の疑心暗鬼は膨らんでいく。とにかくその状況から逃げずに、腹を

括って相手と向き合って、正直に伝えることだ。

ただし、誠意を持って、相手のプライドが傷つかないように工夫をすることが大切だ。私は何かを否定する場面でも、相手の人格そのものや仕事そのものを否定するようなことはしない。なぜダメなのかを相手が理解してくれるような説明を心がける。

ネタを断ったことは山ほどある。「なんで通らないんですか」と問いただされることも多い。今までの編集者生活でも、数え切れないくらい経験してきた。そこで曖昧な態度をとってしまうと、だいたいこじれる。さらにダメなのは、相手の押しが強いからと、「わかりました、じゃあ、やりましょう」と言って、つまらない仕事をしてしまうこと。これは読者に対しても不誠実なことだ。

現場には、どうしても断りづらいときは「編集長が首を縦に振らない」と言ってかまわないと伝えている。そうすれば、相手は編集長を恨むだろうが、それも編集長の仕事だ。もちろん私には、責任をかぶせる相手はいないが、週刊文春の責任者だから「これは私の判断です」といえば最終判断になる。そこからは逃げられないし、逃げるつもりもない。

親しき仲にもスキャンダル

私は常に現場に対して「親しき仲にもスキャンダル」と言っている。もちろん自戒を込めた言葉である。**食い込む、情報を取る、そしてきちんと書く。**これが大切なのだ。我々の目的は「親しくなること」ではない。

昔、自民党幹事長を務めた山崎拓さんについて「変態スキャンダル」といってさんざん週刊文春で批判したことがある。その後、人を介して「手打ちの飯を食いたい」と山崎さんが言っていると聞き、「じゃあ会いましょう」と中華料理店の個室で向かい合った。

山崎さんは人間的にとてもチャーミングな人だった。彼はあの記事を見た瞬間、幹事長室でそのまま気を失い、気がついたら病院のベッドに寝かされていたそうだ。院長先生が来て「どこも悪くないようだけど、大事をとって入院しましょう」ということになった。翌日、院長先生が新聞を見ると、週刊文春の広告に「山崎拓、変態スキャンダル」と書いてあった。院長先生に「原因は文春ですね」と言われたときは、顔から火が出るほど恥ずかしかった、と話していた。その表情は人間味に溢れていた。

彼は、ポケットからくしゃくしゃの紙を取り出して「見てください」と言う。それは娘から送られてきたファックスで「一、女性と二人で食事をしない」「二、女性に携帯番号を教えない」などの注意書きが書いてある。「これを私は毎日読んで、肝に銘じているんですわ」と言う。そこから交流が始まり、たまに連絡をもらったりするようになった。山崎さんが福岡から戻ると「あんたと飲もうと思って焼酎買ってきたんや」と言って焼酎を目の前にボンと出されたり、料亭で二人で飯を食ったこともある。

しばらくして山崎さんに「新谷さん、わしをやったのと同じように、この男をやってくれんか」と言われて、ある大物政治家の資料を渡されたことがあった。

その後の顛末はさすがに書けないが、そのときに思ったのが、我々の仕事で大切なのは、取材の確かさであり、リスクを恐れない闘争心だということだ。腕を見込まれて「自分をやったのと同じようにやってくれ」と言われれば本望だ。**批判した相手と縁が切れてしまうのではなく、むしろ、そこで腕を見込んでもらう。**どうせなら週刊文春にやってもらいたいと思われるような存在で居続ける。

ただ打ち解けて、仲良くなればいいというわけではない。メディアとしての実力を評価していただく。かわいげ、愛嬌はあったほうがいいが、それだけではダメなのだ。

「週刊文春は無視できない存在だ」「あそことは、きちんと付き合っておかないとまずい」と思ってもらうことも大切だ。

余談だが、週刊文春編集長になった後、山崎拓さんの女性問題について現場からネタが上がってきたことがあった。久しぶりにやってみるか、と記者を福岡に飛ばした。まもなく山崎さんから電話があった。「新谷さん、あんたどこまでわしを辱めれば気が済むんや。今わしの目の前にあんたんとこの記者がいる。もうわしは政治家を引退したんや」と言われた。懐かしさとともに、なんともスッキリしない気分になった私はすぐに記者に電話を代わってもらい、「撤収」と告げたのだった。

懐に飛び込み、書くべきことを書ききる

安倍晋三、麻生太郎、菅義偉……。政権の中枢における権力者の実像を、最も近い場所で取材し、生々しく描いて話題になった『総理』（幻冬舎）という本がある。この本を書いた山口敬之氏ともご縁がある。

彼はＴＢＳのワシントン支局長時代に、ベトナム戦争当時の韓国人がベトナム人女性を慰安婦にしていたことを独自取材で突きとめていた。アメリカの公文書館で、それを裏付ける記述を発見したのだ。だが、ＴＢＳはリスクを恐れたのか、そのレポートはお蔵入りになっていた。

それまで山口さんとは面識がなかったのだが、共通の知人を通じて「彼がどうしてもこれを世に問いたいと言っている」と私のところに話が来た。「新谷さんのところならできるんじゃないの」と。私は「おもしろい。やりましょう」と即決して、山口さんと国際電話で話をした。「うちの記者をすぐワシントンに飛ばします。改めて確認すべき部分はどこで、最速でどのタイミングで記事を出せるか、彼と詰めてみてください」と伝えた。

週刊文春では、山口さんのレポートをより信憑性の高いものにするために、英語が堪能な記者をワシントンに入れて、その後、すぐベトナムまで裏付け取材に飛ばした。そして、山口レポートとベトナムレポートを合わせて「韓国軍にベトナム人慰安婦がいた！」という大特集を、２０１５年に出したのだ。

その結果、彼はＴＢＳで報道から外されてしまう。山口さんといえば、安倍首相に最も近い記者として政治記者の間で知らない人はいない。その山口さんがローカル営業部という部署に飛ばされてしまったのだ。その責任は週刊文春、つまり私にある。食事をした際に詫びると山口さんは「あのベトナム人慰安婦のレポートを世に出せなければ、自分はジャーナリストとして仕事をしている意味がない。むしろ記事を発表する場所を提供してくれたことに感謝します」と言った。そして彼はTBSを辞めた。これからはジャーナリストとして筆一本で食べていく、と言う。私は「ではどんどん書いてください」とお願いした。トランプ・安倍会談のレポートについては先述したが、山口さんは力の入ったディープな政治記事を次々に週刊文春に執筆してくれている。

山口さんは安倍さんだけでなく、麻生太郎さんや今は亡き中川昭一さんとも「親友」とも言える関係にある。その距離の近さを批判する人もいるが、近いからこそ書けることもある。

政治とは人間がやるものだ。よって、政治を書くということは人間を書くということだ。その政治家を一人の人間として知り尽くしていなければ、本当の政治は書けない。そういう意味で、彼が書いた『総理』という本には、切れば血が出るリアルな政治が描かれている。

よく、総理と会食する記者を「御用記者だ」と批判する人間がいるが、私からすると全くナンセンスである。一国の総理大臣は最強のニュースソースであり、あらゆる国家機密を知る立場にある。機会をつかまえて、その権力者に食い込む努力をすることは当然だ。会食はその絶好のチャンスだろう。

批判されるべきは、深く食い込んだことによって、権力者にとって都合が悪い事実を書けなくなってしまうことだ。もちろん、相手との信頼関係を維持するために書き方や書く時期について柔軟に臨むことはあるだろう。だが、「こんなことを書いたら切られるんじゃないか」「嫌われたら困る」といって顔色を窺うようになったら、ジャーナリストとは言えない。そういう意味で、山口さんは、『総理』において、踏み込んで書き切った。書いていいか悪いかの許可も取らずに全部書いたわけだ。実際に自分で体験したことをあそこまで詳しく書くのは、記者としては勇気のいることだ。それを外野から批判するのは簡単だが、食い込む努力もしない記者が批判しても全く意味がない。あれは記録として後世に残る仕事だと思う。

『戦後政治家論』（文春学藝ライブラリー）という本がある。著者は阿部眞之助という東京日日新聞、今の毎日新聞の編集局長。彼が昭和27～28年に月刊「文藝春秋」に連載し、文藝春秋読者賞を獲ったものをまとめた本だ。ちなみに阿部さんはのちにＮＨＫの会長になった。本書はとても優れた政治家の人物評伝だ。この中に三木武吉のことを書いた章がある。三木氏の女性関係についての記述が延々と続く。三木武吉という人はお妾《めかけ》さんが次々にできて、しかも別れた後も面倒を見続けたという。引っ越すたびに、お妾さんがぞろぞろと大勢一緒についていく。貯金のようにお妾さんが増えていった、などと書いてある。

なぜこんなことまで書くのか。阿部氏の説明はこうだ。「これは、私がスキャンダルを好んでバクロする悪趣味によるものではない。彼から女話を取り去るなら、三木という人間の半分しか語らないことになるからだ。女に対する態度が、すなわち彼の政治に対する態度でもあるからだ」。女性たちに対して、どういう接し方をしたのかということの中にこそ、彼の人間性、政治家としての本質がにじみ出ている、というのだ。読みながら思わず膝を打った。

それこそが週刊文春が目指すものだ。なぜ、その人間を書くのか。人間への興味というのは、まさにそこである。**政治家だろうが、芸能人だろうが「憎たらしい」「けしからん」「やっつけろ」「やめさせろ」ではなく、やはり「人間っておもしろいよな」と思うこと。**この「人間のおもしろさ」をとことん突き詰めて、「いったいどんな人なんだろう」とアプローチしていくのが、文藝春秋という会社の原点でもあるのだ。

直木賞作家に学んだ取材のイロハ

駆け出し時代、ある作家にたくさんのことを学んだ。

海老沢泰久さんは、直木賞を受賞し、スポーツ・ノンフィクションの傑作を数多く手がけてきた作家だ。国文学を学んでおり、丸谷才一さんや折口信夫さんに連なる系譜の人で、当たり前だがものすごく文章が上手い。

彼が「Number」で「ヴェテラン」という連載をやることになった。プロ野球の個性的なベテラン選手にインタビューをして、その人物評伝を書いていくものだ。その企画を新人だった私が担当することになった。

海老沢さんと、初めてインタビューに行ったときのこと。江川卓選手のライバルだった巨人軍の西本聖選手へのインタビューだった。海老沢さんの中で決めていたタイトルは「嫌われた男」。西本氏がチームの中で我が道を行く浮いた存在であることに、海老沢さんは強い関心を持っていたのだ。

その取材に行くにあたり、海老沢さんに注意をされた。「私がインタビューしているときに口を挟んではいけない」と。**「たまに私は黙る。沈黙が続くこともあるが、そういうときに編集者が口を挟んではいけない。そこで相手の思わぬ本音が口をついて出ることもある」**と言われた。編集者の仕事は取材の場を盛り上げることだとばかり思っていた私には「沈黙は大切だ」という教えは新鮮だった。

インタビューが始まった。海老沢さんの第一声は「あんた嫌われてるでしょ」だった。いきなりズバンと聞いたため、私はすごく驚いた。すごい直球だな、と。「キャッチボールを見てても、普通はベテラン同士でやるのに、あなたはいつも若い選手とやっていて相手がいないように見える」と海老沢さんは続ける。ただ、西本さんは怒らなかった。海老沢さんが事前に非常によく調べていたため「この人は自分のことをわかってくれている人なんだな」ということが伝わったからだ。企画の趣旨に沿った資料をできる限りたくさん集めるのも編集者の大切な仕事だと教わった。

最後に「今日はありがとうございました」と言って、私がテープレコーダーをガチャッと切ってインタビューは終わった。しかし、これも後で怒られた。「相手が部屋を出て行くまでは、絶対に回しておかなきゃダメだ」と。**「終わった後の雑談の中で、おもしろい話が出てくることは、よくあることだから」**と言われた。

海老沢さんに教わったのは取材手法だけではない。文章の書き方も「イロハのイ」から教わった。

「Number」で初めて長い原稿を書くことになった。取材対象はヨットマンの白石康次郎さん。最近でもヨットで世界一周をする「ヴァンデ・グローブ」に挑戦して注目を集めている人物だ。私は大学でヨットをやっていたこともあって「ならお前がインタビューして書け」と設楽編集長に命じられたのだ。しかし、どう書いていいのかわからず、海老沢さんのスポーツ・ノンフィクションを真似して書いた。その後、出来上がった原稿を海老沢さんのご自宅に持って行った。「なんか俺の文章に似てるな」と言われてうれしかったのを覚えている。

海老沢さんは私の拙い文章について細かくアドバイスしてくれた。「彼の父は平凡なサラリーマンだった」と書いた一文を「『平凡なサラリーマン』なんていない」と指摘された。「サラリーマンでも、みんなそれぞれ勤めている会社があるし、そこにおける立場や地位もある。『平凡』なんて安易な表現は使っちゃダメだ」と叱られた。

また、「ヨットで素晴らしいスピードで帆走した」という一文もわからないと言われた。「『素晴らしい』といっても読者には伝わらない。普通なら1日に何キロしか進まないところを何キロ進んだ、などと具体的に書かなければダメだ」という。海老沢さんは、表現においてそういった曖昧さを許さなかった。これは後に週刊文春で毎週原稿を書く立場になったときに大変参考になった。

スピードが熱を生む。走りながら考えよ

私が週刊文春編集部に異動になったのは95年3月のことだ。最初は原稿を書かないで、記事のデータを集めてくる「アシ」をやっていた。まだ週刊文春について、右も左もわからない中で大事件が起きた。地下鉄サリン事件である。

3月20日月曜日の朝。突然ポケベルが鳴った。慌てて編集部に電話をかけると「すぐに○○病院に行け」とデスクに指示された。「とにかく大変な事件があったから、病院に運ばれてくる人に何があったのか聞け」と言う。私はわけもわからず病院に直行した。そして次々に病院へ運ばれてくる人に「何があったんですか?」と聞いていった。人びとは口々に「いやいや、地下鉄の車両で……」「ガス、異臭騒ぎがあって……」「いきなり気持ちが悪くなって運ばれて……」と言う。そんなことを朝8時から夕方くらいまで

続けた。

午後6時過ぎに再びポケベルが鳴った。編集部に電話するとデスクが「お前、すぐに戻って原稿を書け」と言う。「えっ、俺ですか」と驚いた。何せ異動してからまだ2週間弱。これまでアシしかやっていない。週刊文春の原稿など1回も書いたことがないのだ。しかも「右トップ」の4ページ。いきなり地下鉄サリン事件のドキュメントを書くことになった。

しばし呆然としたが、つべこべ言っている場合ではない。病院や駅などいろいろなところに取材に行っていた10人近い記者たちのデータ原稿がどんどん上がってくる。データ原稿を読みながら、私は構成を考えた。データ原稿を一つひとつ、つぶさに読んでいくと、だんだんと全体像が見えてきた。地下鉄サリン事件は、いくつかの路線で同時多発的に起こった事件だったが、「この人とこの人は、同じ車両で、同じものを見ていたんだな」「これとこれは同じ場面だな」というのが浮かび上がってきたのだ。私は場面ごとにデータを整理して、それを時系列で再構成していった。何が起こったのかが目に浮かぶようなドキュメントを書こうと考えた。

方針が決まってからは、わりとすんなりと書けた。その時点ではオウム真理教が犯人とは断定できなかったので、「犯人は何者か」について識者のコメントも入れて、朝までに4ページの原稿を書き上げた。ただ、実はその頃はまだ私はパソコンを使っていなかった。手書きである。パソコンのように削除したり、構成を入れ替えたりは容易ではない。怒涛の1日だったが、初めて書いた原稿が、地下鉄サリン事件。しかも右トップの4ページとは、想像もできないデビューであった。

言うまでもなく、週刊誌は「スピードが命」である。**走りながら考える。いちいち立ち止まってはいられない。**

これはデスク時代の話。ゴールデンウィーク合併号の校了日の朝、JR福知山線の脱線事故が起きた。合併号は通常より刷り部数が多く、進行も早い。当然ながらすでにその段階では特集の中身はガッチリと固まっていた。ただ私は、被害者の数とともに拡大していく報道に、いても立ってもいられない気分になった。血が騒いでどうにもならない。そこで編集長に「なんとしてでもページを捻出してやりましょう」と進言した。すでに全てのページが埋まっていたので、結局「読者から」という最後の1ページを差し替えることになった。

私はすぐに特集班に号令をかけた。「すぐに動けるものは集まってくれ」。合併号の仕事が一段落していた記者たち10人以上がすぐに私を囲んだ。「カキ」は西岡研介氏に任せた。緊急取材班はそれぞれ手分けして取材にかかった。運転士の名前が割れた（判明した）ため、電話帳で片っ端から同姓の家を調べて電話をかけた。すると幸いなことにひとりの記者が他のメディアに先駆けて運転士の親に話を聞くことができた。私は編集長に車内吊りの広告もこの事故を大きくして刷り直すように頼んだ。正味8時間ほどの鉄火場。まさに湯気が出るような現場だった。

今振り返って、あの記事が入ったことでどれほど部数が伸びたかはわからない。車内吊りを刷り直したことなどを考えたら、費用対効果ではマイナスだったかもしれない。それでもあの経験を共有したことは、私にとっても記者たちにとっても貴重なものだった。我々週刊誌の世界では「どこまで粘るか」が勝負を分ける。職人肌の編集長、デスクほど、「美しい雑誌」を作りたがる。だが、週刊誌は美しさより鮮度。**突貫工事でもイキのいいネタを突っ込むべきなのだ。**丁寧に積み上げたものを最後にガラガラポンする蛮勇もときには必要なのである。

オーソドックスな調査報道が実を結んだ舛添問題

報道にはいろいろなパターンがあるが、中でも「調査報道」はオーソドックスながらも報道の基本中の基本である。当局による広報やリークがベースの「発表報道」に対して、調査報道は独自のアプローチで真実をあぶり出していく。ただし、多くの調査報道もきっかけは公開情報であることが多い。

舛添要一前都知事のスクープはある小さなニュースが発端だった。

私は、産経新聞が報じた舛添氏の高額出張に関するニュースをネットでたまたま読んだ。ロンドンとパリで5000万円の出張費だという。「確かにこれはちょっと高いな」と思い、そのニュースに対する読者のコメントを読んでみると、皆さん非常に怒っている。コメント数も瞬く間に増えていった。**「ここは熱があるな」とピンときた。**私は大学時代にヨットをやっていたと述べたが、ブロー、つまり強風が吹く気配を感じたのだ。

そこで早速、デスクを決めて、エース格の記者を中心に取材班を組んだ。舛添氏について本格的に調べることにしたのだ。そもそも舛添氏に対して多くの国民が潜在的な疑問を抱いていたのだろう。この人はきちんと仕事をしているのか。何のために都知事になったのか。東京都を良くするためなのか、自分が贅沢をするためなのか。都知事として、国会議員として、学者として、そして人間として、彼に疑わしさを感じていたように思う。

取材班の一人がさっそく都庁の関係者を食事に誘うと、こんな話がポロッと出た。「実は高額出張よりも我々が問題だと思っているのは、しばしば公用車で湯河原の別荘に行くことです」と。その記者は翌日の朝いちばんで、東京都に「公用車の使い方について」の情報公開請求をかけた。

10日ほど後、３００枚に及ぶ運転日誌が上がってきた。それをひたすら精査していく。いわゆる「ブツ読み」という作業である。調べたところ、毎週金曜日、1年間50週で48回、公用車で湯河原の別荘に行っていることがわかった。これは常軌を逸している、と記者は驚いた。

この事実がわかったのが、ゴールデンウィーク特大号の締め切り間近だった。しかもその日は金曜日だった。記者はあわてて都庁へと向かった。張り込んでいると午後2時半過ぎ、実際に舛添氏が公用車で出てくるところを確認できた。別の部隊は湯河原の別荘で舛添氏を待ち構える。はたして彼は公用車に乗ってやって来た。その様子を写真におさめる。そして舛添氏が湯河原の別荘から再び自宅に帰ってきたところを「週刊文春です」と直撃したのだ。

この一件は、調査報道として非常にうまくいった。週刊文春と違って、新聞もテレビも「都庁番」がいる。当然ながら彼らは週刊文春の記者よりも日常的に都庁の幹部と情報交換をしているわけだ。公用車で湯河原に行く話も、きっと聞いていただろう。しかし、誰ひとりとして情報公開請求もせず、精査して疑惑をきちんと確認することもなかった。

さらに、取材班は湯河原の件と並行する形で、彼が都知事になる前、国会議員時代の政治資金の使い方も調べた。政治資金収支報告書など、全ての公開情報を取り寄せて「ブツ読み」を繰り返した。その結果、正月に政治資金を使って「ホテル三日月」に行っていることがわかった。しかも名目は「会議費」となっている。ゆったりたっぷりのんびりで会議費では、さすがに国民の理解は得られない。舛添氏は「温泉好きなもんで」と語り、確かに股関節を伸ばしたかったのかもしれないが、自腹でやれという話である。

これらの事実が判明したのは全て「公開情報」からだ。そういった**オーソドックスな手法をコツコツと積み重ねたことで、大きなスクープが生まれた。**それを実現できたのは、現場の記者たちが自分らに求められている役割をしっかりと理解していたからに他ならない。私は担当デスクを含めて取材班を大変誇らしく思った。

第4章

ヒットを生み続けるチームはこう作る

組織／統率

まずは一対一の信頼関係を結べ

私は2001年、36歳で初めて「特集班」のデスクになった。

最初にしたことは、7人の班員全員とサシで飲みに行くことだった。そこで腰を据えて、自分の仕事に対する評価を聞いた。あわせて編集部への不満、将来についての希望なども聞いた。「政治の勉強がしたい」と言う人間とは、そのために何が必要かについて話し合う。「原稿がうまくなりたい」と言う人間には、どうすればうまくなるか、私なりの考えを率直に伝えた。こうして吸い上げた班員の情報を基に、デスク会議での取材班編成の際、「彼は政治に興味があるから政局取材班に入れてほしい」などと進言するのだ。まずは、こうした**一対一の人間関係、信頼関係を現場の記者と結ぶ**ように心がけた。

週刊文春の特集班では年に何回か、「班会」と称して飲み会を開く。新谷班の班会は独特だった。特に新年会では、必ず各人に今年の目標を言わせた。さらにその実現のためにどんな努力をするのか、について聞く。ただの飲み会のように各人がばらばらに話すのではなく、全員がひとつのテーマについて語り合う。だから毎回かなり熱い。話題は仕事の話だけではなく、独身の班員がいれば「どうすれば結婚できるのか」についてみんなで知恵を出し合う。また毎回、「全員アロハで参加する」とか「今回はジャージで」などとテーマを決めたりもしていた。新しく班員が入ってくると、厳かに杯を交わす。馬鹿馬鹿しくもあるが、いざというときの結束力は抜群だった。

そしてもうひとつ、絶対に守るべき鉄則があった。それは**「班会には編集長を呼ばないこと」**。なぜなら、もしそこに編集長がいたら、悪口を言えないではないか。編集長は現場のガス抜きのため、酒の肴になることも必要なのだ。私は編集長になって以降、各班の班会には一度も顔を出していない。

新谷班は、陰で「殺しの軍団」などと物騒なニックネームで呼ばれることもあった。確かにメンバーは社員、特派記者ともに精鋭ぞろいだった。主に政治家のスキャンダルなどを担うのが「噂の眞相」から移籍してきた西岡研介氏。芸能ネタに滅法強かったのが、今やテレビにも出演している中村竜太郎氏だ。現在、デスクとして私を支えてくれている人間にも新谷班出身者は多い。

当時は小泉政権時代で、「スキャンダル国会」と言われたように閣僚のスキャンダルが続出した。新谷班では田中眞紀子氏、鈴木宗男氏を始めとして、様々な閣僚、政治家の疑惑を追及した。その結果、大島理森農水大臣は秘書の金銭授受疑惑で、福田康夫官房長官は年金未納問題で、いずれも閣僚を辞職した。ほかにもＮＨＫ紅白プロデューサー横領事件や朝日新聞ウラ広告費問題など、大手マスコミトップの進退につながるようなスクープも連発した。全てが新谷班の仕事ではなかったが、いつしか「殺しの軍団」などと呼ばれるようになったのだ。

正直に言って当時の私は、新谷班の快進撃でいい気になっていた。それこそ「大臣の首を取る」ことを目的にしていた面は否定できない。もちろん現場の記者もわかりやすい目標があったほうが士気は上がる。週刊文春が総合週刊誌で部数１位になった時期とも重なっていた。組織が上昇気流に乗っていくためには、誰かが先陣を切って突っ走る必要もあるだろう。

ただその傾向ばかりが強まれば、いつしか読者不在となり、記事も荒っぽくギスギスしたものになっていく。「新谷班にあらずんば人にあらず、といった空気が編集部にあった」と後から班員以外の人間に指摘されたこともある。そうした反省もふまえて、今では「首を取る」ために記事を作るわけではない、と自分と現場を戒めている。

編集長になったとき、週刊文春の編集長経験者から言われた言葉が忘れられない。「編集長の席に座ると、見える風景が違うだろ。部員全員が見渡せる。こいつら全員が飯を食えるように責任を負うのが編集長なんだ」。編集長の席はデスク席よりさらに奥の位置にあるのだ。

新谷班の後日談。結果的に最後のプラン会議となった２００６年３月のある木曜日、私は班員にこう言った。「今日は人事異動の内示の日だ。各人くれぐれも浮足立つことのないよう、目の前の仕事に全力で取り組んでくれ」。その日、月刊「文藝春秋」への異動の内示を受けた私は誰よりも浮足立ち、へべれけに酔っぱらって転倒。足の骨を折りそのまま入院した。全治６カ月。４月に行なわれた、歴代班員が全員そろった新谷班の解散式には松葉杖で出席したのである。

一緒に働きたい人間に目配せをしておく

組織でいい仕事をする上で大切にしていることがある。**「この人間と一緒に働きたい」と思う人間については、常日頃から目配せをしておくことだ。**仕事を重ねていくと「こいつは自分にないものを持っているな」「彼と組めばいいい仕事ができるな」という人間に必ず出会う。例えばそういう人間が、違う部署に異動したとしても、折に触れて飯を食ったり「最近どうしてるんだ」と声をかけたりして、信頼関係を継続しておくことが大切だ。もちろん会社の人事との兼ね合いもあるが、「いざ勝負だ」というときに、彼らと一緒に働くことができれば最高だ。

実はそうした目配せ、気配りが最も求められるのが政治の世界だ。自分が一旗揚げるときのために日頃から兵を養っておく必要がある。ところが今はそれができている政治家が少ないように思う。政治家が党の代表選や総裁選に出るためには、推薦人20人を集めなくてはならない。その際にキーマンになりそうな人については、日頃から信頼関係を構築しておくべきだろう。選挙応援に入るとか、夜の会合にもこまめに顔を出し、「請求書は俺のところに回せ」と全部払ってあげる。**そういう地道な積み重ねがものを言う世界なのだ。**

そういう準備をずっとしてきたのが安倍晋三首相。逆に苦手なのが、石破茂氏だ。その差は大きい。安倍晋三氏が返り咲いた総裁選において、党員票でリードを許していた石破氏を議員による決戦投票で逆転したのには、それなりの理由があるのだ。私は政治評論家ではないから、どちらが政治家として優れているのかを偉そうに語るつもりはないが、永田町ほど人間臭い世界はない。そこで最終的な勝利をつかみとるためにはどんな努力が必要なのかを考えることは、究極のリーダー論にもつながるのだ。

最近、推薦人が集まらなくて総裁選や代表選への立候補を断念した、という場面をよく目にする。自分が目立つためにテレビに出る、雑誌に寄稿する。そういうときはものすごくアグレッシブなのだが、地道に信頼関係を醸成していくことには消極的。これは最近の政治家に多い傾向だ。人間関係はギブアンドテイクの積み重ねだ。相手に「自分のためにこの人はこんなことまでしてくれた」と伝わるまで尽くすのだ。そうすると「この人に言われちゃしょうがないな」「今まで世話になったし」と思ってもらえるだろう。

「損得」で人付き合いをするようで嫌な印象を持つ人もいるかもしれないが、**大きな仕事は決して自分一人ではできない。**組織で仕事をする以上は、本当に自分にとって助けになる、支えになるのは誰か。自分にない素晴らしい資質を持っているのは誰だろうと考えて、日頃からまわりに気を配っておくことが大切なのだ。

嘘をつかない。弱い者いじめをしない。仕事から逃げない

デスク時代、「新谷班三原則」として決めていたことがある。「嘘をつかない」「弱い者いじめをしない」「仕事から逃げない」の三原則だ。かつて新谷班にいた人間と話すと「今でも覚えてますよ」と言われる。この三原則は編集長になった今でも胸に刻んでいるもので、週刊誌の仕事をする上でも大切なポイントが全部入っている。

「嘘をつかない」というのは、記事の中身の話だけではなく、仕事や日常も含めてのことだ。我々の仕事は「事実を追求する」こと。そこに少しでも嘘が混じると、根底から全てがひっくり返ってしまう。特に取材上の報告の際に嘘をつくなどは、絶対にあってはならないことだ。ネガティブな報告であっても正直にすべきである。

怖いのは「小さい嘘」だ。小さい嘘だとスルーされてしまうことがある。そのうちに、みんながそれを真実だと信じて定着してしまう。**その間違った小さい嘘を前提にいろんなことを判断していると、いずれ大きな失敗につながる。**たとえどんなに小さくても

「嘘をつかない」は絶対厳守のルールなのだ。

「弱い者いじめをしない」とは、記事において読者の共感を得られないような相手について書かない、あるいはそうした書き方をしない、ということだ。駆け出しのアイドルの熱愛を報じることもあるが、鬼の首でも取ったように断罪する記事では読者の共感は得られない。週刊文春を注意深く読んでいただければわかるが、**相手に正義の裁きを下すような「上から目線」の記事はないはずだ。**いい面も悪い面を含めて「人間そのもの」が出るように書いているつもりである。

２０１７年の新年最初の号で講談社のマンガ編集者による妻殺害事件を報じた。記事は決して一方的に彼を断罪するような内容にはなっていない。大好きだった女性と結婚し、４人の子宝に恵まれ、都内の一等地に新居も手に入れ、仕事の上でも将来を嘱望されていた。そんな人物がなぜこんな事件を引き起こしてしまったのか。彼は講談社の男性社員で初めて育児休暇をとった人物だ。記事では彼のこれまで歩んできた人生を辿りつつ、その心の奥底に迫ることを試みた。単なる善悪を超えて、人間の優しさ、美しさとその裏にある醜さ、愚かさを読者に伝えたいと考えた。

「弱い者いじめをしない」は、もちろん誌面に限った話ではない。編集部内でも、今で言う「パワハラ」をしないことだ。弱い者いじめは、卑怯者がやることだ。これまで編集部内でそんな話を聞いたことはないが、陰湿なパワハラについて、ちょっとでも耳に入れば、すぐに改善しなければならない。

「命の危険を感じた」。体を張った記者に敬服

三原則の3つ目は**「仕事から逃げない」**である。

週刊誌の記者をやっていれば誰もが経験していると思うが、取材の張り込みで「どこまで粘るか」という葛藤は常にある。「何回行っても留守だな。さすがに締め切りも近いからあきらめよう」と思ってスタスタ戻って駅まで行った。「……いや、でも、ひょっとしたら帰って来るかもしれない」という予感がして、もう1回戻ると、そこに本当にターゲットが現れる。そういう経験はよくある。あらゆる場面でどこまで粘るか。当事者意識を持って仕事をするか。そういう「仕事から逃げない」姿勢を大切にしたいものである。

「仕事から逃げない」という意味で、私が敬服したのは清原和博さんの薬物事件をス

クープした記者だ。ちなみに甘利事件を抜いたのも彼だ。

かなりいい筋から清原さんの薬物使用についての情報を得た取材班は、1カ月近くかけてじっくり彼の行動確認を続けた。飲食店やサウナなど清原さんの立ち寄り先も丹念につぶしていった。そうした中で、彼が薬物治療のために病院に緊急入院しているという情報を得た。

取材班が病院で張り込んでいると清原さんが姿を現した。その佇まいは明らかに異様だった。目はうつろで口元にしまりがない。原稿を担当する「カキ」の記者が直撃した。「清原さんが覚せい剤をやっているという話を聞いて取材しているのですが」。通常、週刊文春では記事の主要なターゲットについてはカキが直撃する。原稿を書く上での臨場感がまるで違うからだ。清原さんは薬物使用を否定しつつも、上からのしかかるように記者に威圧的な態度をとった。そして、記者の腕を捻り上げるとそのままずるずると病院のひと気のない廊下へと押しやっていく。警備員は見て見ぬふりだ。清原さんは記者のICレコーダーを取り上げると、それをへし折った。そして折れたその角で自らの手の甲を傷つけて「こいつ（記者）にやられてケガしたんや」と言い出したのだ。

記者は後に「命の危険を感じた」と私に打ち明けている。もはや一刻の猶予もない。その後、警備員の通報で警視庁の警察官が駆け付け、清原さんと記者は署に連れて行かれた。担当デスクにも警察から連絡が入り、すぐ署に向かう。深夜、デスクからの報告で私は事件を知った。

私が本当に感心したのはここからだ。デスクと記者は警察から、「ICレコーダーが破損しているから器物損壊で被害届を出せますよ」と提案された。ただ記者はそれをきっぱり断った。「記事で返すから結構です」と。記者は手にもケガをしていたが、それについても一切清原さんを訴えるようなことはしなかった。しかも幸いなことに、折れ曲がったICレコーダーをもう一度グッと戻すと、音声は全て残っていたのだ。記者が臨場感あふれる見事な記事を書いてくれたのは言うまでもない。この「仕事から逃げない」姿勢には、頭が下がった。

ブレーキをかけるのもリーダーの仕事

「どこまで迫るのか」「どこまで粘るのか」というのはまさに、当事者意識がどれだけあるかが問われる話だ。張り込みで「待ってたけど無理でした」「他社も全員帰って最後一人になったから安心して引き上げた」というケースは多い。ただ、もちろんそれが悪いと言うつもりは毛頭ない。ある程度のところで見切りをつけ、次の現場に「転戦」することも必要だ。真面目な記者ほどその切り替えに苦労する。そんなときは**リーダーが大局的に状況を見た上で、「撤収」を命じなければならない。**

デスクなり編集長なりが「ここの現場、ちょっときつくなってるな」と思ったら、すぐに休ませる判断をすることだ。たとえ現場が粘りたいと言ってきても、「ちょっと見当が違っているような気がするから、一旦リセットして別の攻め手を考えよう」と言うべきだ。そうしないと真面目な記者を潰しかねない。

そうした的確な判断のためにも、記者一人ひとりの状況を把握しておく必要がある。顔色や声の張り、表情、あるいは「どれくらい仕事が続いていて、どのくらいの成果があがっているのか」も含めて、チェックしておく。上に対する報告とはべつに、例えば、同僚に「この現場、ちょっと疲れたな」と愚痴をこぼしていたとすれば、その同僚からデスクを通じて情報を吸い上げておくことが大切だ。**モチベーションや体調などを把握した上で、臨機応変に「ゴー&ストップ」をかけていく。**これはリーダーの重要な役割である。

週刊誌の現場は、一瞬の躊躇が原因で勝機を逃してしまう。リーダーは、現場が迷わないように明確に指示しなければならない。ただし同時に、自らの決断に縛られてもいけない。目の前の「現場」は生き物であり、刻々と複雑に変化を続けている。リーダーはブレることを恐れてはならないのだ。特に週刊誌においては、「朝令暮改」は日常茶飯事。いったんは止めたはずの取材班を次の瞬間には再びスタートさせることもある。**私にとっての目標は「週刊文春としての勝利」であり「現場に好かれること」ではない**のだ。もちろん混乱させてしまったデスクや記者には、後からフォローすることも必要だ。

週刊文春の現場が激務なのはもはや説明もいらないだろう。特集班もグラビア班もセクション班も、モチベーションが高く、みんな毎週全力で働いている。したがって編集長の私にとって極めて大切な仕事が「部下を休ませる」ことなのだ。デスクや記者から「休みをとりたい」と頼まれて拒否したことは一度もない。

エース格の社員記者から「育児休暇をとりたい」と言われたときには、「ぜひしっかり休んでくれ。俺なんか3カ月も休養したんだから遠慮するな。そのときしか味わえない赤ちゃんのかわいさを満喫したほうがいい」と勧めた。結婚休暇も人によってとったりとらなかったりだったのを改めて、当然の権利として休ませるようにした。

よく働き、よく遊ぶ。仕事をする上でメリハリは大切だ。2カ月に1回、火曜夜から土曜夕方まで休めるローテーション休暇のほかに「合併号休み」もある。年に3回、新年特大号、ゴールデンウィーク特大号、夏の特大号の3冊は合併号となるため、ほぼ1週間休みがとれるのだ。休み明けに編集部に出ると、明らかに一人ひとりの部員の表情がすっきりと輝いて見える。しっかりリフレッシュしたみんなの顔を見ていると「さあ、またおもしろい雑誌を作るぞ」とやる気がみなぎってくるのだ。

すぐに「攻められる」チームを作っておく

「週刊文春がスクープを獲ることができるのはなぜですか?」。2016年以降、あらゆる場面で聞かれてきた質問だ。答えは至ってシンプル。それは**「スクープを狙っているから」**である。「スクープを獲るのが俺たちの仕事だ」と現場の記者はみんな思っている。一人ひとりの記者は、常にネタに対してアンテナを高く張っているし、カカトは浮いている。だから、最初の一歩で出遅れない。

ベッキーさんの記事も、高いアンテナと迅速な動きが生み出したものだ。情報の端緒をある記者がつかんだのは2015年秋頃のこと。その記者は、正月休みの間も取材を続け、核心部分にたどりついていた。「初荷スクープになりそうです！」。デスクから私に、そんなメールが届いたのは2016年1月2日の夜。私とデスクはその日のうちに取材班の人選を行なった。特集班からは男女各1名。グラビア班からは記者2名とカメラマン2名。芸能ネタが得意で、何より人に強い記者を最優先に選んだ。取材相手へのあたりが柔らかく人間的に魅力がある。そのうえ粘り強い記者だ。

私が3カ月の休養から現場復帰するのが翌3日のこと。その時点で確証となる情報は取れていた。ただし、新年最初の号に出すとなると時間がない。4日までにゲス川谷さんの実家がある長崎に行って写真を撮って直撃し、その日のうちに記事を作成して、5日に校了、7日に発売という強行スケジュールだ。

あのスクープでは、長崎の現場に入った女性記者の事前の準備が功を奏した。川谷さん行きつけのちゃんぽん屋さんを割り出し、実際、その店で一度は見失った川谷さんの車を発見している。教師である川谷さんの父が息子の自慢をしていることもつかんでいた。それが「川谷さんがベッキーさんを実家に連れて行くのではないか」と判断する材料になった。二人を直撃したのもその女性記者だ。ベッキーさんに「事務所を通してください」と言われると、すぐに呆然と立っていた川谷さんに取材対象を切り替えた。これも事前に川谷さんはまだ芸能界のルールに慣れていないとの情報を得ていたからだ。入念な準備と現場でのとっさの機転、反射神経。大切なのは、「いける」と思ったときに躊躇せずに勝負をかけることだ。

編集長の立場からすると、**「このネタは大きくなる」と直感したときに、間髪容れずに記者を次々に投入できるかが、分かれ目だ。**我々週刊誌は「攻めのメディア」で、踏み込むべきときには踏み込まなければならない。それができるかどうかである。そして、それに瞬時に応えてくれる「最強の組織」を日頃から作り上げておく必要があるのだ。

モチベーションを高める「仕組み」を作れ

週刊文春の部員は私を含めて56名。そのうち、事件を追いかける「特集班」はデスクを含めて40名。社員は15名で、25名は1年契約で毎年契約を更改する特派記者。およそ8名ずつの5班にわかれている。

毎週木曜に「企画会議」が行なわれ、記者はそれぞれの班のデスクにネタを提出する。

ネタのノルマは1人5本。よって、およそ200本のネタがここに寄せられる。各デスクがそれをまとめ、私が参加する「デスク会議」で発表される。ネタを細かくチェックし、なるべく全てのネタにコメントやフィードバックを与える。そしてネタの中から、次号で掲載するラインナップを十数本に絞っていく。

ラインナップが決まると、各ネタを担当する取材チームの編成を行なう。先述した「8名ずつの5班」というのは、あくまでネタ出しにおける便宜上の班分けであり、取材チームはネタごとに毎回編成される。

特集班は、木曜夕方に掲載ネタとチーム編成が決まるとすぐに動き出し、金曜、土曜と取材をする。土曜夕方のデスク会議でラインナップの見直しを行なった上で、さらに取材を続ける。日曜夜までにほぼラインナップが確定。月曜の夜には「カキ」が原稿を執筆し、火曜朝に入稿。夜までに校了する。水曜は休んで、また木曜にネタを5本出す。このサイクルで毎週動いている。

取材チームは、原稿の書き手となる「カキ」と、カキをサポートする「アシ」で構成される。その際のルールは**「ネタを出した記者が必ず『カキ』を担当すること」**だ。自分の出したネタを書けるかどうかは、記者のモチベーションに大きく関わる。他誌では「編集者」と「ライター」のような形で、ネタ出し担当と執筆担当が分かれている編集部もあるが、週刊文春はそうしていない。いいネタを取ってくれば、大きな記事を書けるチャンスがもらえる。それが情報収集のモチベーションになるからだ。

このルールは新人だろうがベテラン記者だろうが同じように適用される。そうすることで記者たちは「自分たちは何でメシを食っているのか」を肌身で感じるはずだ。とっておきのいいネタを取ってくれば原稿を書くことができる。話題性がありそうな話であれば、優秀な取材班を自分の下につけてもらえる。4ページ以上の目玉記事を書くことができる。それが週刊文春のモチベーションが高い理由のひとつである。

スクープで完売すると特別ボーナス

週刊文春には「特派契約」というものがある。1年ごとに毎年契約を更改するもので、専属の形で週刊文春の仕事だけをする。

他の週刊誌では、社員と特派の仕事の中身が違うところも多い。社員は完全に編集者に徹して、現場はデータ原稿を上げるだけ。もしくは「アンカーマン」という原稿をまとめるだけの人間が別にいるところもある。完全分業制の編集部が多い中、週刊文春の場合は特派の記者も社員の記者も仕事の内容は全く同じだ。

週刊文春では「ネタを取ってきた人間が書く」のが原則だと述べた。よって、社員がカキで特派がアシの場合もあれば、特派がカキで社員がアシの場合もある。ネタによって、その班編成は毎週変わる。

社員と特派で違う点があるとすれば、社員は「何でもできる」のが基本だ。政治経済、スポーツ、芸能、何でもやる。一方、特派に関してはなるべく専門性を持たせる。政治に強い、経済に強い、医療関係に強い、芸能に強いといった具合だ。うちの特派は「50歳」を定年としているが、彼らが定年になったときに、政治ジャーナリスト、芸能ジャーナリスト、医療ジャーナリストとして筆一本で稼げるように専門性をしっかり身に付けてもらっている。

もうひとつの違いは、社員は決まった給料だけだが、特派は定額の報酬以外に原稿を書くと原稿料が出る。大きなスクープを獲って、それが完売に結び付いたりすると、ビックリするような額の原稿料をバンと出すこともある。あるいはアシとして重要な証言を引き出した場合にも、原稿料を多めにつける。こうした記者への評価はデスク会議の際に詳細に報告される。**仕事の成果に応じてボーナスを出すことで、「自分たちは何**

でメシを食っているか」がよくわかるはずだ。プロフェッショナルとしての意識を持ってもらい、「一発当てればこれだけもらえるんだ」と実感できれば、彼らのモチベーションアップにもつながる。

厳格な指揮命令系統と柔軟なチーム編成

最強の組織から最高の雑誌は生まれる。おもしろい雑誌作りにチームの連携は欠かせない。編集長はデスクにできるだけ具体的にわかりやすく「記事のテーマ、ポイント、報じる意義」を伝える。デスクは原稿を書く「カキ」に、「カキ」は、サポート役となる「アシ」に伝える。こうした**「指先まで神経が行き届いた指揮命令系統」**が週刊文春の生命線である。

この指揮命令系統は絶対だ。編集長がデスクを飛び越えて現場の人間に指示することはない。デスクがカキを飛ばしてアシに指示するのもNGだ。重要な指示ほどそれは徹底される。それが崩れてしまうと、デスクの言うことを現場が聞かなくなり、「編集長に直接言えばいい」となってしまう。

もちろん、編集長も現場とのコミュニケーションは取る。「今週の記事、良かったな」「よくこのネタ取ったな」などのよもやま話はするが、現場に対して「誰に当たれ」とか「ここを取材しろ」といった直接の指揮はとらない。具体的な指示はデスクからしか行かない。それを破ると、組織は少しずつ崩れていく。

デスクになった頃、戦闘集団はどのように指揮すれば最も機能するのかを学ぶため、新選組を研究したことがある。新選組のように多様なメンバーが集まった戦闘集団には、非常に厳格なルールがある。**指揮命令系統を遵守し、手柄を立てた人間をフェアに評価する一方で、ルールを破ることは絶対に許されないのだ。**

週刊文春において、「デスク会議」は最高意思決定機関である。そこでは、ほぼ全ての情報がオフレコなしに話し合われる。ネタだけではなく「今の現場の状況」「個々の記者の状態」についても意見が交わされる。「モチベーションはどうなのか」「興味を持っているテーマは何か」「悩みはないか」「体調はどうか」。個々のデスクは自分の班の班員や担当する取材班の記者の状況を細かく把握して、その情報をデスク会議で共有する。私もそこで現場の状況をすみずみまで全部吸い上げる。

こうして現場の情報が集まってくるようにするためには、**指揮命令系統の「パイプを**

詰まらせない」ことが重要だ。デスクは個々の記者に目を配り、「つらい」「きつい」といった愚痴も含めて、現場がものを言いやすい雰囲気をしっかり作らないといけない。

デスク会議では記事のラインナップを決めるだけではなく「その企画を誰に書かせるのか」「誰をアシにつけるのか」「そのデスクを誰にするのか」というチーム編成も決める。その「人事」をちょっと間違えただけで、モチベーションは一気に下がってしまう。「なんでこのテーマを自分に書かせてもらえないんだ」「どうしてこのメンバーなのか」と不満が出ることもある。よって、一人ひとりの心身の状態に気を配っておくことが大切なのだ。

また、記者同士の相性にも注意が必要だ。同じように政治や芸能が得意だったとしても必ずしも気が合うわけではない。日頃からの人間関係に目配りしながら、1プラス1が、3とか4とか5になるような組み合わせを考える。あとはラッキーボーイ的な記者の使い方も大事だ。波に乗っている人間がひとりチームに入ると、俄然ムードが明るくなる。「これならいけるぞ！」と現場が思えるような編成を常に心がけている。

私やデスクは、休みの日は別にして**「今、誰が、どこの取材班で、何をやっているのか」を常に把握している。**九州で取材している記者に、別の大きな事件が起こったときに「いったん今の取材を止めて、すぐ北海道へ行け！」と命じることもあるからだ。編集長やデスクの了解なく取材班を動かすのは厳禁だ。

ただ、取材中に瞬時の判断で動き、デスクや編集長には事後承諾となるケースはある。例えば、元AKB48の前田敦子さんが泥酔して俳優の佐藤健さんにお姫様抱っこされた件があった。新入社員の記者が校了日の夕方、前田さんのサイン会があった書店で張り込んでいた。その後、彼女は秋元康さんや版元である講談社の幹部と会食に向かった。新人がその後をつけていくと会食後、前田さんは帰宅せずに送迎車で麻布十番の店に向かった。新人も追いかけ、そのまま店の外で張り込んでいると、なんと次々とタレントが集まってきたのだ。驚いた新人は先輩記者に連絡し、深夜の麻布十番に取材班が集結。そうして撮れたのがあのスクープ写真だったというわけだ。興奮した先輩記者からは未明にも拘わらずデスクに「すごい写真が撮れました！」と何度も報告の電話が入った。私が聞いたのは翌朝のことだった。

現場は生き物だ。指揮命令系統を遵守することが原則だが、**「これはいけそうだ」と思ったときのとっさの判断がスクープを生むこともある。**

「健全な競争」と「共同作業」のバランス

週刊文春では、大きい見出しのうち、右側を「右トップ」、左側を「左トップ」という。右トップには政治や事件など硬めの記事。左トップには芸能や生活実用も含めて軟らかめの記事を置く。当然、記者はみんな右トップ、左トップを張りたいと思っている。そういうなかで「なぜ自分のネタの方が扱いが小さいんだ」と怒ったり、文句を言ってくる人間もたまにいる。昔は自分の見出しをモノサシで測って「なんで私が3センチで、あいつが5センチなんだ」と、訴えてくる記者もいたくらいだ。それくらい自分の仕事に対してプライドを持っているということだから、その気持ちは理解できる。私自身も自分が書いた記事が右トップにならなかったとき、デスクに電話をかけて不満を訴えたことがある。政治でも芸能でも、同じようなネタで勝負している同僚に対して「負けたくない」とライバル意識を持つのはむしろ当然のことだ。

普段はライバル同士の記者たちだが、彼らのあいだには「アシでも手を抜かない」という暗黙のルールがある。なぜならば、**自分がいいネタを取って勝負をするときにまわ**

りにサポートしてもらいたいなら、自分がサポートに回っても全力でカキを支えなければならないからだ。そうでなければ、いざというとき誰も助けてはくれない。

もし特定の記者について、他の記者から「彼はアシに回ると手を抜く」というクレームがあれば、私はすぐに本人に伝え、誤解ならばそれを解くようにしている。そうした点を記者たちはすごくよく見ている。ひとたび「このネタで勝負だ！」となったときには、日頃のライバル意識は脇に置いて「その記者を男にするために」あるいは「女にするために」頑張る。それがチームとしての強さを生むのだ。

日頃からべたべたと馴れ合うような関係を持つ必要はないが、火事場となれば総力を結集する。健全な競争と共同作業のバランス。それが我々の強みである。

とにかく明るい編集長

「殺しの軍団」と呼ばれたデスク時代の後、月刊「文藝春秋」、出版部を経て、私は6年ぶりに編集長として週刊文春に戻った。デスク時代に身につけたこと、反省したことを踏まえて、今がある。編集長として私が気をつけていることをいくつか述べていきたい。

まず、編集長はとにかく「明るい」ことが重要である。編集長が暗いと、編集部が暗くなる。**売れようが売れまいが、仕事がうまくいこうがいくまいが、常に明るく「レッツポジティブ」である。**疲れ切って暗い顔をした上司なんか、誰だって嫌だろう。

私は、現場から熱がこもった報告があったら必ず真正面から受け止める。「ネタが取れました！」と言われれば「おー、やったな！」と喜びを隠さない。よく書けている原稿には「今週はいいぞ！」と褒める。もちろん、なんでもかんでも「いいぞ！」と言うわけではない。ダメなときは「ここがダメだ」ときちんと指摘する。私も記者だった頃、原稿に対して真剣勝負で向き合ってくれるデスクは好きだった。逆に、どんな原稿を書いても反応が薄かったり、ネタをつかんでも「ああ、そうか」と気のない返事をしたりするようなデスクは苦手だった。自分が記者だった頃には「理想のデスク像」があった。今はデスクだった頃に抱いていた「理想の編集長像」に日々近づきたいと思っている。

明るいと言えば、週刊文春の元編集長の花田紀凱さんである。会社に入った頃、週刊文春では花田編集長が大活躍していた。毎週、週刊文春が世の中を騒がせる話題を提供していた印象だった。花田さんは社内でも燦然と輝く存在で「これはすごい雑誌だ」と思った。一週刊誌が世の中の中心になっている。その状況に驚いた。その光景は、今も私の心に焼き付いている。

花田編集長は「超楽観主義者」だ。明るく前向きで、雑誌が本当に好きなことが伝わってくる。雑誌を作るのが楽しくてしょうがないという空気を編集部中に発散している。だから、現場も明るくなるし盛り上がる。

花田さんとは「マルコポーロ」という雑誌で一緒になった。週刊文春編集長の後、花田さんはこの雑誌のリニューアルを任されていた。

当時、長嶋茂雄さんのお母さんが亡くなった。私は、長嶋さんの「母に捧げる手紙」を彼の後見人から入手し、それを「マルコポーロ」に掲載することになった。そのときに、どうしても使いたい写真があったのだが、使用権を持つ人と全く連絡がつかず困っていた。許可を待っていたら校了に間に合わない。そのとき花田さんに「どうしましょう。しょうがないからあきらめますか?」と聞くと、「いいよ、いいよ、出せ、出せ」と言うではないか。「出した後で、話つけりゃいいじゃねぇか」と。「出してから考えよう」と言われたときに「これか」と思った。まさに花田イズム。出してから考える。揉めたら、そのときは何とかする。このノリがイケイケの花田流の原点にあるのだ。

その根底にあるのは**「会って口説けない相手はいない」という揺るぎない自信**だと思

う。揉めても何とか収められるはずだという楽観がある。実際、面倒な抗議が来ても花田さんは決して逃げなかった。校了作業の忙しい日でも粘り強く相手をする。なんでもかんでも編集長が矢面に立っていたら、体がいくつあっても足りないが、ここいちばん、編集長が出ないと収まらないという局面は必ずある。そのときに部下の後ろに隠れて逃げるのではなく、グッと前に出る覚悟は絶対に必要だ。そうした姿を現場はじっと見ているのだ。

「マルコポーロ」は95年2月号で「ナチ『ガス室』はなかった。」という記事を掲載した。程なくしてイスラエル大使館から抗議が来た。花田さんは最初のうちは「来月号で抗議文を全文掲載するか」と言っていたが、ユダヤ人団体による広告引き上げキャンペーンなどがあり、結局雑誌は廃刊してしまった。そのときに痛切に感じたのは、花田さんは強烈な「出る杭」だったということだ。社外で人気がある分、敵も多かった。敵というより、ほとんど男の嫉妬だったような気もする。

私が3カ月休養した際にも花田さんは励ましてくれた。「『出る杭』は打たれるけど、出すぎれば打たれないよ」。その言葉にどれだけ救われたことか。

花田さんは部下を乗せるのもうまかった。『１９７６年のアントニオ猪木』（文春文庫）などで知られるノンフィクション作家の柳澤健さんは中途採用で文藝春秋に入った異能の人だったが、花田さんはいつも「柳澤は天才なんだよ」とうれしそうに話していた。**他の編集長が持て余すようなクセ者の記者でも、すっかりその気にさせてしまう。**だから彼のまわりには梁山泊のように、いつもいろんな人間が群がっていた。

編集長は「いること」に意味がある

一方で、花田さんは身内ではつるまない人だった。デスクや現場の人間と飲みに行くこともほとんどなかった。彼の世界は常に外に向かって開けていたのだ。いろんな分野の人と、毎晩つき合っていた。ただ、会社にいなかったのかというとそうでもない。特に日曜日や正月など、人がいないようなときに決まって席にいた。編集長とは「いることに意味がある」というのは花田さんから学んだことだ。

私も外で約束がないときは、なるべく長く編集長席にいるようにしている。部員が何か言いに来たりしたときは「時間あるなら、ちょっと座れよ」と言って、横にある椅子に座らせて雑談をする。例えば連載を担当する「セクション班」のデスクと「将来どんな人に書いてもらいたいか」について雑談していると、思わぬアイデアが生まれることもある。急ぎの要件でなくとも、そういった日頃からのよもやま話は大切だ。

私の場合、編集部の中でも普段はどうしても「特集班」と接することが多い。特集班は水曜日が休みなのだが、セクション班は水曜も出勤している。水曜日も席にいれば、セクション班の人間ともゆっくり話ができるのだ。編集部に限らず、広告部や営業部の担当者と話す時間も作りやすい。**ちょっとした相談をしようかというときに「あの人いつもいるよね」と思ってもらうことが大切なのだ。**

また、私は編集部内の様子にはできる限り気を配るようにしている。以前、ある有名人を直撃したところ、ネットで名前を公表されてしまった若手記者がいた。記者歴も浅かったため心配で、こまめに声をかけた。「絶対守るから大丈夫だぞ」「少しでも心配なことがあったら、遠慮しないですぐ言えよ」「抱え込むな」と。チームでする仕事では、常に最前線の記者たちに最もダイレクトに負荷がかかる。編集長はその状態をきめ細かく把握しておかなければならない。

うれしいことに、私が編集長になってからの5年間、メンタルを病んで休んだ部員は一人もいない。「これだけ過酷な仕事にも拘わらず素晴らしい」と総務部にも褒められるほどだ。ここ数年、「辛いから異動させてくれ」という話もほとんど聞かない。それどころか週刊文春で4年働いた女性記者が5年目も残りたいと志願してくれた。これまでは、週刊文春は若手社員の間では「懲役」とか「刑期」と呼ばれており「早くこれが明けないかな」と思われていた。もちろん今も厳しさは変わらないが、若い記者が多いことからサークル的な明るさもあり、楽しい職場だ。新人でも、自分のネタで2ページの特集を書いたりして非常にイキイキと働いている。

編集部の明るいムードは大切だ。もちろん校了作業でゲラを読んでいるときなどは真剣勝負だが、みんなで出前を食べているときにはバカ話をして笑い合う。そういう雰囲気が大事なのだ。**職場は明るく楽しくないとダメ。**これが私の考えだ。会社に行くのが楽しく、同じ釜の飯を食った仲間たちと苦楽をともにすることに充実感がある。そういう空気がないとおもしろい雑誌は作れない。「やらされてる」のではなくて、自分の意思で「おもしろがってやる」仕事でないと続かない。そのためには、誰よりも編集長がそういう姿勢を見せないと、現場は明るくならない。

リーダーの良し悪しは「この人のためならやろう」と現場に思ってもらえるかどうか、で決まる。あるいは「この人についていくと、なんかいいことがありそうだな」と思ってもらえるかどうか。**「明るいし、楽しいし、運もよさそうだから、この人と一緒にいるといいことありそうだな」といって自然に人が寄って来る。**そういうリーダーが理想だろう。

では、私はいつでも明るいのか。そんなわけはない。雑誌が売れなくてどうにも気分が落ち込むときは私にもある。「ダメだ！」というときは一晩布団をかぶって寝てしまう。「明日は明日の風が吹く」だ。次の日にはもうバシッと気分を切り替える。週刊誌がいいのは、落ち込んでいる暇がないところだ。すでに次の号に向けて走り出している。今週号がダメだったからといって、引きずっている暇はないのだ。

異論・反論がリーダーを鍛える

リーダーは、自分にとってあまりうれしくない話をされても嫌がらないことだ。

例えばラインナップを決定する「デスク会議」で、私が提案した企画に対し、「さすがですね」「この企画ならいけますよ」と言ってもらったほうがうれしいに決まっている。しかし、「いや、それは違うんじゃないですか」という異論が出なくなったら、そのほうが危険だと思っている。

デスクたちが私の企画に対する違和感を口にしやすい、異を唱えやすい雰囲気を作ることが大事だ。よって、私は、そういう耳障りなことを言われても真摯に耳を傾けるように心がけている。言われてムスッとしたり無視したりすると、デスクも反対しにくくなるし、空気も悪くなる。自分に異論を言う人に冷たく当たるのは絶対にダメだ。

異を唱える人も、私のことを個人的に憎いとか、足を引っ張ろうと思って言っているわけではない。「そうしたほうがこの雑誌はよくなる」と思って言ってくれているのだ。その信頼関係がベースにある。反論を受け入れて、ラインナップを大きく変えることもあれば、「ここは俺の野生の本能を信じてくれ」などと言ってそのままいくこともある。その結果どっちが正しかったかはわからない。2冊作って同時に並べるわけにはいかないからだ。ただ、事前にそういったコミュニケーションをして、そのプロセスをみんなで共有しておくことが次の勝利につながるのである。

最悪なのは「俺はこうやろうと思う」と言って企画を提示したら、みんながシーンとなり、右から左へそのまま通ってしまう組織だ。誰も異を唱えないのは危険極まりない。そういう組織はリーダーが反対意見を言う人間を左遷したり、干したりしていることが多い。そんなことをしていたら、あっと言う間に「裸の王様」の誕生だ。やはりみんなでいろいろと言い合う中から、いい案、新しい案が生まれるのだ。ものを言いやすい空気を作るのは、リーダーの大切な仕事である。私は新しくデスクになる人間にはいつも「意見はどんどん言ってくれ」と伝えている。

ただし、編集長が最終的に決断したら、必ず従ってもらうことが肝心だ。小泉純一郎さんと作家の池宮彰一郎さんに対談をしてもらったときのこと。小泉さんが「よく国会で寝ていると怒られるんですよ。でも、寝ているわけじゃない。本当は目を閉じてじっと話を聞いているんです」と言うと、池宮さんはこう答えた。「織田信長はよく家来たちの話に耳を傾けた。『もっと囀《さえず》れ、もっと囀れ』と。それを目を閉じて聞いていた。そして最後、信長が決断すると部下たちはそれまでの意見に拘わらず即座に従った」と。織田信長が大好きな小泉さんは得心がいったようだった。このやりとりは印象に残った。

異論、反論こそがリーダーを鍛えるのである。

ネガティブなことほど早く報告させよ

週刊文春は「スクープ連発」などと言われているが、その陰には当然ながら山ほど失敗がある。失敗だから表に出ないだけで「張り込んだけどダメだった」「直撃したけど否定された」「裏が取り切れなかった」という事例は無数にある。

そうしたネガティブな報告は、うまくいっていない組織ほど上司に伝わらない。週刊文春では「ネガティブな報告こそ一刻も早く上に伝えたほうがいい」という意識を植え付けるようにしている。「これを言うと編集長がっかりするだろうな」と思ったとしても「ダメでした。合併号に間に合いません」と躊躇せずに言える雰囲気を作る。**大切なのは現場を責めないことだ。**そこで責めたら次のトライをしなくなってしまう。ネガティブな報告もしづらくなっていくだろう。ネガティブな報告を寝かすようになると組織は傷んでいく。

現場が手を抜かずに一生懸命やっていることは十分にわかっている。一生懸命やっても、ダメなときはダメなのだ。目の前の状況に必死で向き合ったからこそ、明快な結論が出たわけだ。結果がダメであっても、客観的な事実はそのまま受け止める。自分が見たい現実ばかり追い求めていたら、必ず失敗する。いたずらに精神論、根性論に流されずに、客観的事実を重んじるのは、仕事をする上で大切なことだ。

もうひとつ**リーダーが厳に慎むべきは、部下からの報告に「そんなことは知っている。俺のほうが詳しい」と張り合うこと**である。こういう上司はどの世界でも意外に多い。

記者が目を輝かせて報告しても「そのネタ元とは俺のほうが古い付き合いで、俺が聞いている話はこうだ」と大勢の前でこれ見よがしに言われては、モチベーションは一気に下がる。「だったらあなたが自分で取材して書けばいい」となってしまう。

もちろん長いキャリアを積んでいるリーダーが、部下よりも取材ネットワークも知識も豊富なのはよくあることだが、こんなとき私なら、こっそりその記者に「俺もこんな話を聞いたよ」と取材メモの形で渡すようにする。あるいは「その件ならこの人も詳しいかもしれないから聞いてみたら」とネタ元を紹介したりする。その場合、担当デスクの了解を得ることはいうまでもない。編集長がデスクの頭越しに現場の記者に指示することはあり得ないからだ。

さらに**リーダー失格といえるのが、部下の悪口を外部に向かって言いまくること**だ。「デスクが全然ネタを取ってこられないんだよ」とか「現場の記者の取材の詰めが甘くてまいったよ」などと外に向かって愚痴る。こうした発言はまわりまわって当人の耳に必ず入る。そうなると「だったらあなた一人で雑誌を作ればいいではないか」となってしまう。雑誌作りはチーム作業だ。いくら編集長がスーパーマンだとしても一人では絶対にいい雑誌は作れない。もしデスクなり現場の記者に対して不満がある場合は、直接本人を別室に呼び出して、あくまでサシで率直にそれを伝えるべきだ。

「フェア」こそがヒットを出し続ける秘訣

スクープを生み出し続けるチーム、ヒットを飛ばし続けるチームを作るためには何が必要だろうか。私が大切にしているのが「フェアであること」である。**ネタに対してフェア、人に対してもフェア、仕事に対してもフェア**でないといけない。

現場の記者たちは、みんなそれぞれプライドを持って仕事をしている。自分の現場がいちばんだし、自分のネタがいちばんだと思っている。そこで「なんで、あいつばっかり依《え》怙《こ》贔屓して」「なんで俺のネタはダメなんだ」という疑心暗鬼が生まれると、編集部内に主流派、反主流派ができ、不満分子が生まれてしまう。

私は全てのネタに対して虚心坦懐に、まっさらな目で「読者がいちばんおもしろがって読んでくれるのはどれだろう」と考える。上がってきた情報が抜群におもしろければ、原稿が上手かろうが下手だろうが関係なく、記者には右トップを書く権利が与えられる。いいネタだと思えば、精鋭部隊を投入して強力なチームを作る。舛添氏の件も、ブツ読みをして「これはいける」となった段階で、優秀な記者を惜しみなく突っ込んで、突貫工事で記事を仕上げた。

スクープを生み出すチームはいくつもあったほうがいい。「このチームからしかスクープは出ない」と、勝ちパターンが限定されてしまっては、そのチームの調子が悪くなったときに誌面のクオリティが落ちてしまう。言うまでもなく選択肢は多いほうがいい。全ての人に戦力になってもらうためにも「フェアである」ことが大切なのだ。

したがって、特定の人間ばかりを重用することはない。決まった人間とばかり食事に行ったり、飲みに行ったり、そういうことは一切しない。**特別なことがない限り、現場の人間とは食事に行かない。**一人と行ったら、他の人とも行かないと不公平になってしまう。中には、お気に入りの人、優秀な人とばかり付き合う編集長もいる。しかし、依怙贔屓をしてしまうと、それ以外の人のモチベーションが下がる。

「自分だって来週はヒーローになれるかもしれない」と思うからみんな頑張れるのだ。最初から「うちは誰々のチームだから」と絶対的なエースを決めてしまうと「それじゃ俺は、もう脇役の仕事だけ粛々とやってればいいか」となってしまう。それでは全員の力を発揮させることはできない。私は「ネタさえおもしろければ、誰でもヒーローになるチャンスはあるぞ」と言い続けている。

編集長は大きな力を与えられている。編集長が「行け」と言えば、どこまでも走り続けるのが週刊文春の強みだ。そうした権限を握っている人間が、恣意的な、組織を私物化するような動きをすることは絶対に許されないし、そういう疑いを持たれるだけでもダメだ。部員は55人もいる。少しでも偏ったところがあると、編集部の空気がよどんでしまう。最悪なのは、自分は編集長から特別扱いされていると勘違いする記者が出てくることだ。その記者が虎の威を借るような振る舞いをし始めると、たちまち編集部内は、その記者のご機嫌をとる主流派と冷ややかに眺める非主流派に分かれてしまう。編集長は一人ひとりの記者にいかにフェアに向き合うかが、常に問われている。

足並みが揃わなくなると雑誌にも悪い影響が出る。私のまわりを固めてくれている7人のデスク陣にも、差が出ないように気をつけている。うちのデスクはみんな優秀だ。そして、これは部員全員に言えることだが、みんな私にとっては大好きな「かわいい」存在である。だからこそ、差をつけていると思われるようなことはしたくない。

スクープが得意な人間もいれば、コツコツ地道な作業をするのが得意な人間もいる。どちらが上とか下ではない。それぞれの働き方を評価し、尊重すべきだ。個々の記者のいちばん得意な分野を生かして働いてもらう。それぞれが大切な戦力なのだ。その記者たちの状態、モチベーションをしっかり見極め、それを少しでも上向かせる努力をする。ひとりとして無駄な人間はいない。

リーダーシップの根源は「信頼」である

リーダーシップの根源は何だろうか。私は「信頼」であると思う。現場との信頼関係をしっかり構築できているかどうか。信頼関係がなければリーダーシップも発揮しようがない。いくら「あっちに向かって走るぞ」と目標を設定して号令をかけても、誰も本気で走らないだろう。**「よし、この人を信じてついていこう」とみんなが一生懸命に同じ方向に走るためには、やはり日頃から信頼関係を築いておく必要がある。**

部下に信じてもらわなければならないし、自分も部下を信じなければならない。スクープとは、そもそも「信じて待つ」ことから生まれるものだ。そこの我慢ができるかどうかが勝負である。

元週刊文春記者の中村竜太郎氏、通称「竜ちゃん」。彼がＮＨＫプロデューサーの横領事件をスクープしたときの話だ。最初、竜ちゃんが「ＮＨＫのプロデューサーが横領しているという話があります」と報告してきたとき、特集班デスクだった私は「すごい話だ」と思った。ただ、ＮＨＫは最強のメディアだ。ＮＨＫ、新聞、民放、週刊誌という、ヒエラルキーの頂点に君臨している。あやふやな記事を書けばただちに逆襲され、こちらが窮地に立たされる。私は「証言だけでは弱いから、エビデンス、客観的な証拠を持って来てほしい」と伝えた。その後、竜ちゃんは1カ月近く、孤独な潜行取材を続けた。

彼は編集部屈指の粘り強い男だ。私は「詰められたらでかいぞ」と信じて待っていた。ある日、竜ちゃんが顔を輝かせながら「新谷さん、ちょっといいですか。これを見てください」と差し出したのは、実績のない構成作家に原稿料を払っていた振込明細をプリントアウトしたものだった。「こりゃすごい」と興奮した私は、編集長に言って、そのときに考えうる最強のチームを組んで、一気に総当たり取材の態勢を固めた。

あのとき、もし1週間ほど経ったところで「ちょっと脈がなさそうだから、撤収しよう」とあきらめていたら、大スクープは生まれなかった。最後は「あいつならきっとやってくれる」と信じて待つしかないのだ。記者も「この編集長について行って大丈夫かな」とか「後で後ろから撃たれるんじゃないか」「責任かぶせられたらかなわないな」などと思っていては全力で走れない。互いの信頼関係こそがスクープの礎なのだ。

迷っている部下とは生き方についてじっくり語れ

部下のモチベーションを高めることはリーダーの大切な仕事だ。

チーム全員が当事者意識を持って、この雑誌を自分なりに良くしようと思っていないと、雑誌は良くならない。個々のモチベーションなり、発散している熱量の総和が編集部の勢いになるわけだから、少しでもそのエネルギーは強いほうがいい。

脱落したり、不満分子になったり、冷めた目で見ている人間は、いないに越したことはない。スクープ記者だけが偉いわけではない。グラビア班もセクション班も大切だ。阿川佐和子さんの対談の担当者も、表紙の和田誠さんの担当者も毎週懸命に働いている。林真理子さんの原稿をもらうために深夜まで待つこともある。「淑女の雑誌から」という名物コラムはオチも含めて若手男子社員が担当するのだが、あの1ページのために徹夜することも珍しくない。グラビア班もそうだ。特集班が悪化させてしまった芸能事務所との関係に苦しみながらも、「原色美女図鑑」のキャスティング、撮影に日夜奮闘している。それぞれが大変なのだ。一人欠けても、週刊文春はできあがらない。私は部員一人ひとりに「あなたの仕事がいかに雑誌にとって大切か」をわかってもらいたい。

中にはいわゆる「ゆとり世代」と言われるような若者に手を焼いているリーダーもいるだろう。「自分が何をしたいのか」もわかっていないような新人も最近は多いという。

私はあらゆる問題について、予断を持たないようにしている。安易な世代論に流されて「最近の新人は」なんて嘆いてみても何も始まらない。最初から色眼鏡で見ていたら、本来、その人間が持っている優れた資質にも気がつかないだろう。

つかみどころがないような若手に向き合うとき、私ならまず「仕事って何だ」という話から始める。これはモチベーション以前に、生き方の問題なのだ。自分はどういう人生を望むのか。人生において、仕事はどういう位置づけなのか。「仕事が全てじゃない」「そこそこ稼げればそれでいい」という割り切り方もあるだろう。それで本当に幸せだと思えるなら、べつに否定はしない。ただ、人生において、好むと好まざるとに拘わらず、かなりの長い時間を「仕事」にかけるわけだ。その仕事を、義務感でお金のために嫌々やるのか、本当におもしろいと思ってやるのかによって、人生そのものの有り様が大きく変わってくる。

私自身は、とにかく清々しくおもしろく生きたいと思っている。そのためには、仕事はおもしろくなくては困る。したがって、「どうすれば仕事がおもしろくなるのか」「自分にとっておもしろい仕事とは何だろう」ということは、ずっと考え続けている。そういうふうに仕事と人生を考えたときに、例えば出版社に就職したとして、本づくりがおもしろくなくても、経理がおもしろいと思えばそれはそれで立派なことだ。編集職が偉くて、他がダメということは、全くない。

「自分は何を求められているのか」「自分はどう世の中の役に立てるのか」。そこがちゃんとわかってくれれば、若手だって意識が変わるはずだ。感情のない人間などいないのだ。**いちばんダメなのは、最初からレッテルを貼ったり、予断を持って「あいつやる気ないからダメだよ」とたらい回しにするようなリーダーだろう。**他の部署での評価が芳しくなくても、週刊文春に来て花開くこともある。

若い人にはいろんなことをやらせてみないと、適性はわからない。若手も「自分はこういう仕事をやりたいから入って来た」とか「自分はこういうことに向いている」などと早々に決めつけてはいけない。まずは目の前の仕事を何でも一生懸命にやらないと、本当の適性や、やりたい仕事は見えてこない。自分よりも、一緒に働いているまわりの人のほうが、その人の適性を見抜くことはよくあることだ。

リーダーの首は差し出すためにある

私が敬愛する元大手企業の経営幹部がいる。まるで古武士のような佇まいで、いつも静かに微笑んでいる。企業時代は総務、労務、広報などを統括し、ときには労組と闘い、ときには苛酷なリストラも断行した。それでも社内はもちろん、メディアにも彼のファンは多い。今はリタイアして不登校のこどもを対象にした寺子屋のような施設の運営に力を注いでいる。ごく控えめな方でご迷惑がかかると申し訳ないので、Aさんとする。

Aさんが企業の大幹部だった時代、マスコミのグループで一緒に旅行をしたことがある。どんな長い階段も学生時代に山岳部で鍛えた健脚ですたすたと駆け上がるAさん。そう言えば、最近ではフルマラソンを走っていると聞いた。どこまでもストイックな人物なのだ。その旅行の際、移動のバスの中で私はたまたまAさんの後ろの席に座った。何気なく前を見ると、Aさんは手帳に書き込んだ言葉を何度も読み返している。つい好奇心から手帳の中身をのぞき込むと、その一行目にはこう記してあった。**「いつでも辞める覚悟を持つ」**。これには驚いた。その企業の中枢まで上り詰め、順風満帆の会社員人生を送ってきたはずのAさんが常に自らの胸に刻んでいるのはこの言葉だったのだ。日々、辞表を胸に働いているようなものだ。

なぜそんな言葉を日々読み返しているのか。私なりにいろいろ考えた。その結論は、「リーダーの首は組織を守るためにある」ということだ。不祥事が起きたとき何を最優先で対応するか。本来なら当然、組織を守るべきだが、トップの首を守ることを最優先して危機対応に失敗してしまうケースが実は多い。「引責辞任」のレッテルを貼られるのが嫌なばかりに地位にしがみつき、その結果、組織のブランドはボロボロに傷んでしまう。Aさんは、万が一そうした局面になったら躊躇せずに首を差し出す覚悟を、常に自らに課していたのではないか。

私も編集長になったとき、まず「長く続けることが目的ではない」と考えた。正直言って編集長になりたい気持ちはあった。それは編集長になって「やりたいこと」がいろいろあったからだ。紙の雑誌の退潮が進み、デジタルでの展開が待ったなしの転換期に、リスクを恐れず新たな可能性を切り開き、安定した軌道に乗せた上で、次の世代にバトンを渡す。もちろんその過程で週刊文春の看板に傷をつけるようなことがあったり、編集者としての勘がにぶり、雑誌が売れなくなればすぐに身を引く覚悟だった。**もし自分の保身、延命、出世のために雑誌を利用していると現場に思われたら、誰もついて来**

てはくれない。その気持ちは今も全く変わらない。

「出る杭」のような人材を伸ばせ

本章の最後に伝えたいのが「リーダーは出る杭を伸ばせ」ということだ。

今、他のメディアを見ていると、リスクを取って勝負するタイプの人間を前線から遠ざけてしまう傾向が強いように思う。ギラギラした野心をもったスクープ記者が取材の現場から外されてしまう。先述した元TBSの山口敬之さんのケースはその典型だろう。ある社の社会部幹部と話していたら、こう嘆くのだ。「うちは記事が訴えられたら、書いた記者が『自腹で払え』と言われることがある。冗談とはいえ、現場は萎縮してしまう。内容証明付の抗議文が来ただけでも、『またゴタゴタを起こしやがって』と面倒がられる。そうしたリスクを取る記者に眉をひそめ、上司にご注進する人間のほうが評価されるようでは、思い切ったスクープは狙えない」。

その結果、記者たちの多くは真面目に他社と同じ取材をして、きちんと同じメモを上げるというルーティーンを繰り返すばかりだ。そうなると、腕に覚えのある記者たちは、書ける場所を求めて次々に転職してしまう。週刊文春で特派記者の公募をすると、びっくりするような経歴の人物が応募してくることがある。某大手紙で調査報道に携わっていた敏腕記者たちは「戦場」を求めて先鋭的な情報誌やネットメディアなどに続々と移籍している。

だが、**今のような大きな転換期こそ、「出る杭」のような記者を打つのではなく、徹底的に伸ばすべきだと思う。**危なっかしい面があっても、相手の懐に飛び込むのがうまくてネタを取る力のある記者をもっとのびのび育てるべきだ。彼らの突破力が新たな地平を切り開く原動力になるかもしれない。その際、リーダーが細心の注意を払ってリスク管理を行なうのは当然だ。朝日新聞の「吉田調書問題」などはつくづく残念だと思う。

スクープを狙う人間ほど他部署に飛ばされ、逆にコンプライアンスばかり重視したり、帳尻合わせで小金を稼ぐのが得意な人間が出世する。そういう状況では、リスクを恐れず、読者が本当に知りたいことに応える報道ができるとは思えない。

第5章

リスクを恐れず
壁を突破する

決断／覚悟

「とにかくスクープ」の姿勢を崩さない

私は編集長になって最初の挨拶で、全部員を前にこう言った。「週刊文春の最大の武器はスクープ力だ。スキャンダルは雑誌の華。どんどんいいネタを持ってきてほしい」。

おかげさまで週刊文春は、総合週刊誌の中で実売部数13年連続1位を走り続けている。なぜトップの座を維持することができたのか。それは、うちが**「スクープを狙う」という戦い方を変えていない**からだ。

「週刊ポスト」や「週刊現代」は、ヘアヌードブームに乗っかって一気に売上を伸ばし、そして再び下がっていった。両誌はその後「死ぬまでセックス」などの高齢層をターゲットとした企画で盛り返したが、それも一時的だった。こうした「頭で考えた企画モノ」には、どうしても限界がある。その点、週刊文春の場合は、常に目の前の「生ネタ」を追い続けフルスイングし、うまくジャストミートすればホームランになる。そんな戦い方を続けている。私が記者として原稿を書いていた頃から、基本的に「スクープ路線」は変わっていない。編集長になったことで、私は改めてその方針をより明確に打ち出したのである。

なぜスクープにこだわるのか。それはスクープこそが「人間への興味」の原点だと考えるからだ。知らないことを知りたい。おもしろいことを知りたい。おもしろいことを聞いたら人に伝えたい。もし、人間から好奇心が失われ「他人はどうあれ関係ありません」「世の中どうなろうが関係ありません」という人間ばかりになれば、週刊誌というビジネスは成立しないだろう。**人間に「知りたい」という好奇心がある以上はスクープには圧倒的な価値がある。**

「スクープは狙ったからといって獲れるものではない。しかし、狙わなければ獲れないものだ」。元週刊文春編集長の花田紀凱さんの言葉だ。そのとおりだと思う。

週刊文春は昔からスクープで存在感を示し続けてきた。「疑惑の銃弾」で知られる三浦和義のロス疑惑がいちばん大きなエポックメイキングだったと思うが、それ以来、節目節目で、世の中に大きなインパクトを与えるスクープを世に出し続けてきた。特に花田さんの編集長時代には「統一教会問題」「貴花田と宮沢りえの破局」など、大きなスクープを連発した。あの頃から「世の中が週刊文春に期待することは大きなスクープである」というコンセンサスが緩やかにずっと続いている。これはありがたいことだ。

「論」より「ファクト」で勝負する

これまで我々は、甘利明氏、宮崎謙介氏、舛添要一氏など、政治家のスキャンダルを数多く暴いてきた。大臣辞任や議員辞職に追い込まれた人もいた。ただ、我々は「首をとること」を目的にスクープを狙っているわけではない。**我々がするのはあくまで「ファクト」の提示である。**「みなさん、知っていましたか？」「この人はこんなことをしていますよ」。そこまでだ。先述したデスク時代の成果と反省は確実に今に活きている。

舛添さんの会見で「どうすれば舛添さんは辞めてくれるんですか？」と聞いたテレビ局の人間がいたが、あれは傲慢そのものだ。ものすごく不愉快で「あなたは何かひとつでも自分で取材して、新たな疑惑を突き付けたのか」と思った。

一方で、安倍政権の圧力でメディアが萎縮しているのではないかという議論がある。そういう面もあるかもしれないが、それに対して「圧力だ！」と言って抗議するよりも、「相手にとって不都合な事実」を突き付けたほうがインパクトは大きい。安倍政権に対して旧態依然とした批判を繰り返すより、政権に問題があればファクトで武装して戦うべきなのだ。メディアの武器は、論よりファクト。それこそが報道機関による権力との戦い方である。相変わらず「右だ」「左だ」とイデオロギーで色分けする傾向は根強いが、こうしたイデオロギーが前面に出てしまうと、グレーのものが白にも黒にも見えてしまう。週刊文春はイデオロギーよりリアリズムで戦う。**「ファクトの前では謙虚たれ」**と私は常々、現場に言っている。

週刊文春が世の中を動かす「きっかけ」になっているのは事実かもしれないが、結果的にそうなっているだけで、「世の中を動かしている」なんて全く僭越な話である。「動かそう」なんて大それた意識などない。我々がやっていることは極めてシンプル。「世の中の人が興味を持っている人物や事件」について「建前やきれいごとではない本音の情報」を「なるべく本質に迫るような内容」で「わかりやすく」、ときに「おもしろく」提供していくこと。それが週刊文春の仕事だ。その結果、活動を自粛されたり、辞任につながったりもするが、最初からその結末を狙っているわけではないことは強調しておきたい。

自分で言うのもなんだが、**我々は「たかが週刊誌」だ**。一週刊誌が「大臣の首をとってやる」なんて、そんな傲慢な姿勢で雑誌を作ったら、世間はそっぽを向くだろう。何よりも、自分自身が読者としてそれは嫌だ。何様のつもりだよと言われてしまう。

過激にして愛嬌あり

週刊文春は、小難しいお勉強のために作っているわけではない。**「おもしろがってもらう」**のが私としては何よりうれしい。

例えば、新橋の居酒屋でサラリーマンのおじさんが「弁添、ほんと腹立つよな」と話題にしたり、有閑マダムが昼下がりにランチを食べながら「ベッキー、どう思う?」と語り合っているのを聞くと「作ってよかったな」と思う。

「週刊文春が正義の味方」と思われるのは、居心地が悪いのだ。悪を裁くような意識で雑誌を作ると、とたんに誌面が理屈っぽくなり、暗くなる。そうではなくて「この人ってておもしろいな」というのが出発点だ。舛添氏にしても「この人、本当に温泉好きなんだな」「股関節伸ばしたいんだな」と思った。会見でも「いや、温泉好きなもんで」と笑いながら言っているのを見て、けしからんと思うよりも前に、おもしろいと思った。

人間とはおもしろいものなのだ。そのおもしろさを伝えていきたい。

特に今は、建前ばかり、きれいごとばかりが増えてきている。SNSが発達してくると、有名人も自分で発信をするようになる。有名人自身がメディアになると、自分にとって都合のいいことばかりが発信される。きれいごとで埋め尽くされた世の中では息が詰まる。そういうときに、週刊文春が「世の中のガス抜きの穴」になれたらいい。**「この人は偉そうなことを言っているけれど、こんな一面もありますよ」と意外な素顔を見せるのは大切なこと**だと考えている。

ただ、一方向に流れすぎるのも今の空気の特徴だ。「不謹慎狩り」とか「不倫は絶対に許されない」とか、ネットを中心にそういった風潮がすぐにできあがる。それはすごく嫌だなと思っている。ベッキーさんのときも「けしからん」というムードが一斉に広がった。ネット、テレビを含めたメディアが、まさに「水に落ちた犬」のごとくボコボコにしてしまう。「これは叩いてもノーリスクだ」と思うと、どこまでも容赦しないのだ。

そこで現場に「よし、じゃあうちは『ベッキーがんばれキャンペーン』をやろう」と提案したことがある。しかし「うちがやったらダメです」と止められた。確かにそうだが、それにしてもかわいそうじゃないかと思い、ベッキーさん本人に誌面に出てもらお

う と考えた。デスクを通じて所属事務所であるサンミュージックにお願いすると、社長さんは「さすがに本人が文春さんを怖がっている。手紙ではどうでしょうか」と言う。「手紙でもありがたいです」ということで「ベッキーから本誌への手紙」という記事になった。

2015年の休養中には、いろんな人に会った。業界内外の人と会う中でいちばん心に刺さったのが、ある組織のベテラン広報の言葉だった。彼とご飯を食べていたら「新谷さん、業界内でなんて言われているか知っていますか?」と聞かれた。「何ですか?」と訊ねると「狂犬です」と言う。何にでも嚙み付くから、ということだった。これはさすがにうれしくなかった。

その後、仕事に復帰したのだが、2016年1月3日の挨拶では編集部員にこう伝えた。「3カ月の休養によって、牙を抜かれたということは全くない。ただし、嚙む相手と、嚙み方はよく考えるようにしよう」と。

過激にして愛嬌あり。これは、私が大好きな明治の反骨のジャーナリスト、宮武外骨の言葉だ。**週刊誌はリスクを怖れず攻めるメディアだが、怖がられて引かれたらダメ。**読者におもしろがってもらって、かわいがってもらうことが大切だと思っている。

文春には「右」も「左」もない

以前、東京新聞からインタビューの依頼があった。「週刊文春が安倍批判に路線を切り替えた理由を教えてください」という趣旨だった。その記者個人の思い込みなのかもしれないが、これには驚いた。

もともと安倍政権にすり寄っていたつもりもないし、切り替えたつもりも全くない。**週刊文春には右も左もない。右翼でもない。左翼でもない。**週刊文春としておもしろい、あるいは、週刊文春として読者に伝えるべきファクトがあれば報じる。それだけだ。安倍政権にとって痛いことも報じるし、政権が喜ぶことを報じるケースもあるだろう。インタビューは即座にお断りした。

左寄りのネットメディアなどは、「新谷という編集長は官邸寄りだ」と書く。一方で、２０１５年の休養に関しては「官邸の逆鱗に触れて会社の上が休養させた」という根も葉もない噂をふれ回る人までいたようだ。いったいどっちなんだ？

最近、メディアでも敵味方で世の中を分けすぎているように感じる。応援団は応援し続けて、批判する側は批判し続ける。いずれも「自分たちが見たい現実」を見ようとするから、彼らから発信されるニュースにはバイアスがかかる。トランプ現象に象徴される「ポスト（次の）真実」「オルタナティブ（もうひとつの）真実」を嘆くだけではなく、メディアは自らの報道姿勢についても検証すべきではないか。

2016年、週刊文春は民事訴訟を一件も起こされなかったのだが、刑事告訴は二件あった。一件が青山繁晴氏で、もう一件が鳥越俊太郎氏。ご本人いわく安倍首相に近い人物と、反安倍の急先鋒の人物の両方から訴えられたことで、いかに週刊文春が「ど真ん中」なのかが証明されたような気がした。もちろん東京地検特捜部による事情聴取は気持ちのいいものではないが。

右でも左でもない「文春らしさ」をこれからも大切にしたい。**報じるべきファクトがあれば怖れずに報じ、少しでも世の中をおもしろくしていきたい。**

報じられた側の気持ちを忘れない

今は「本当におもしろい」を追求することに遠慮がちな風潮がある。とくに、メディアの人間が「不謹慎じゃないか」「コンプライアンス上、問題じゃないか」「炎上するんじゃないか」と勝手にいろんな縛りをかけてしまっている。だからこそ週刊文春は「おもしろい」をとことん追求していきたいのだ。

「じゃあ、おもしろけりゃ何をやってもいいのか」というわけでは、もちろんない。常に、「書くべきか」「書かざるべきか」、その狭間で悩んでいる。

報じられた側の気持ちになって躊躇することもある。**報じられた側の気持ちがわからなくなったら、おしまいだ。**そこに想像が及ばなくなったら、この仕事をやる資格はない。ＡＩがやっているわけではないのだ。当然「これを書かれたらどんな気持ちになるかな」と考える。「単なる弱い者いじめじゃないか」「どこに大義があるんだ」といって記事を止めることもある。そのときに何より優先して考えるのは、読者はこの記事を読んでどう感じるだろう、ということだ。「公人だから書かれても仕方ないし、興味深い内容だった」なのか、「誰にも迷惑かけてないのに、プライバシーを暴露するなんてひどい」なのか。大切なのは読後感だと思う。

この判断もマニュアル化できない。数値化して測れるようなものではないのだ。その都度、変わりゆく状況の中で、あらゆる角度から慎重に考えて判断する。感情をもった人間が作っているわけだから、当然、日々揺れ動いている。

悩ましいのが、売り出し中の若いアイドルのスキャンダルだ。個人的にはかわいそうじゃないかと思うが、現場としては「いや、せっかく張り込んで撮ったんだからやらせてください」となる。常にそのせめぎ合いがある。私がいつも現場に伝えるのは、くれぐれも「鶏の首をナタで刎《は》ねるような真似はやめよう」ということだ。弱い者いじめだと世間から捉えられるような報じ方は週刊文春らしくない。

私は、他社の元週刊誌編集長のこんな言葉が気に入っている。**「週刊誌はクラスで人気のあるいじめっ子でなければダメだ」**。ようするに、クラスのみんなが「よくやってくれた」と快哉を叫ぶような相手をターゲットにするべきなのだ。振りむいたら誰もついて来ないようないじめっ子はダメだ。自分より弱い立場の相手に対して「おりゃー」と拳を振り上げてガンガン殴っても、誰も喜ばないし、共感しない。それではただの陰湿ないじめだ。みんなが「よくやってくれた」「胸がスーッとした」というものでないといけない。鉾先は、誰から見ても「あいつちょっとおかしいんじゃないか？」という相手に向けるべきだろう。

　一方で、学級委員が作るような雑誌になると、週刊誌は途端につまらなくなる。学級委員が正論を吐いても、誰も読まない。お金を払ってでも読みたい、という人はなかなかいないだろう。新聞社系の週刊誌が陥りがちなのはそこだ。社会正義を実現し、人々を啓蒙するような「学級委員が作る週刊誌」ならば、新聞で十分だ。

作られた「虚像」よりも「人間」が見たい

　ＡＫＢ48のスクープはずいぶんやった。そもそも運営側の事務所によるメディア統制は見事なものだ。秋元康さんの弟さんが中心になって、よく言うことを聞くメディアには、総選挙やじゃんけん大会の放映権やオフィシャルムックの出版権など「あめだま」を与える。逆らうメディアには「ムチ」をふるう。つまり取材協力はしない。そうなると俄然やる気になるのが週刊文春だ。次から次へとスクープを飛ばした。

峯岸みなみさんが週刊文春の記事を受けて坊主頭になったときには衝撃を受けた。髪は女の命。そこまでやるのか、と驚いた。すぐにグラビアデスクに「篠山紀信さんの撮影で『原色美女図鑑』に出てもらえ」と指示した。今しか撮れない写真があるし、彼女の率直な心情もインタビューしたかったのだが、叶わなかった。ただ後に峯岸さんがどこかのバラエティ番組で「文春は意外にきちんと取材してるんですよ」とあっけらかんと言っていたのが印象的だった。

指原莉乃さんの元カレの告白は、「小沢一郎　妻からの『離縁状』」と同じ号に掲載されていた。この号は小沢さんの記事のおかげで完売したのだが、指原さんが博多のHKT48に「左遷」されることが発表されると、さらに売れた。アマゾンで週刊文春が1冊9740円で出品されていたくらいだ。指原さんのその後の大躍進は目を見張るものがあった。彼女もテレビ番組で「文春とはウィンウィン」と発言していた。報じられた側の彼女たちのこうしたリアクションを聞くと、少しホッとした気分になる。

あるとき、出版局の幹部に呼ばれ、こう言われた。「実は前田敦子さんの東京ドーム公演のオフィシャルムックを受注した。これは大きなビジネスだから、当面AKB関係は控えめに頼むよ」。私の答えはこうだ。「わかりました。ただし決定的なものが撮れてしまったらやりますよ」。そして間もなくして撮れたのが、前田敦子さんの「深夜の

『お姫様抱っこ』」の写真だった。私の中で「ボツにする」という判断はなかったが、写真の選び方や記事の作り方には気をつけるよう注意した。それは出版部への遠慮ではない。年頃の女の子が人を好きになるのは当たり前のことだ。お酒を飲んだりハメを外したり、ときには号泣する夜だってあるはずだ。**だから人間はチャーミングなわけで、着せ替え人形みたいに「恋愛禁止です」といい子ぶっているだけでは魅力的ではない。**ただ彼女を傷つけるのが目的のような後味の悪い記事にはしたくなかった。

これには後日談がある。前田敦子さんの所属事務所の偉い人と会食したことがあった。その人に私はついうっかり「前田さんも、あのスクープ以来、女優として一皮むけたんじゃないですか」と言ってしまった。「あんたに言われたくない」と怒られたのは言うまでもない。

ベッキーさんのLINE画面流出はやりすぎか

週刊文春はベッキーさんと川谷絵音さんが交わしていたＬＩＮＥの会話を掲載した。

そのプライバシーの取り扱いをめぐり、ネットを中心に議論が起きた。識者がＬＩＮＥのトークの流出方法を考察したり、ＬＩＮＥ株式会社が公式見解を述べる事態にもなった。ＬＩＮＥの画面の掲載はやりすぎではないかという声も多かった。

ベッキーさんの記事の第1弾でもＬＩＮＥの画像は掲載しているが、大きく話題になったのは、「センテンススプリング」「ありがとう文春」のやりとりがあった第3弾だ。第1弾の段階では顧問弁護士と相談の上、記事の信憑性を裏づける目的で最低限の公開にとどめた。ところがベッキーさんがその発売前日の会見で記事の内容を否定するような発言をした。そこで我々は改めて顧問弁護士と相談し、「単なるお友だち」ではないことを示すために新たなＬＩＮＥ画像を掲載したのだ。

昨今、「プライバシー権」という概念が重要視されるようになってきたのは確かだ。「事実かどうか」だけではなく、「単なるプライバシーの侵害なのか」「報じる公共性や公益性のあるプライバシーなのか」という見極めが厳しくなってきている。中にはプライバシーに立ち入る取材自体が絶対に許されないと思っている人もいる。「そんなことして何が楽しいの？」と週刊誌を毛嫌いしている人もいる。

ただ、プライバシー権が拡大しているということは、言いかえれば「知る権利」が縮小しているということだ。我々はやみくもにプライバシーを暴いているわけではない。

特に社会的に大きな影響力のある人については、ミスリードされることのないように、なるべく様々な「顔」を伝えるべきだというのが、私の考えだ。彼らが自分に従順なメディアやSNSなどを駆使して発信する情報だけではなく、もっと多角的な視点を提供していく。特に政治家など強大な権力をもっている相手であれば、なおさらそれは重要だ。「王様は裸だ！」と言えるメディアはいつの時代も必要である。権力者にとって不都合な真実を叫ぶのには、勇気がいる。そこで私たちの背中を押してくれるのが、読者の「知りたい気持ち」なのだ。

では、誰が公人で、誰が私人なのか。誰のスキャンダルなら取り上げるのか。ここに関して、週刊文春に明確な基準はない。ケースバイケースである。

以前、講演会で「文春は無名の人でもとりあげるのですか」と聞かれた。有名な人の小さなスキャンダルはどうする？　無名の人の大きいスキャンダルは？　議論がわかれるところだ。例えば有名な企業なら影響力が大きいので、小さな話でも報じるべきだ。無名の小さな企業であっても、食品の横流しといった問題だと、国民生活に大きな影響を及ぼしかねないので、きちんと報じる意義がある。地方政治家の政務活動費の使い途《みち》などの場合、その議員は無名でも、同じことが日本中で行なわれていれば問題が拡大していくケースもある。他のメディアを巻き込んで大々的に追及するきっかけにもなる。

「ゲス不倫」が発覚した宮崎謙介氏の場合。2015年12月、彼は妻である金子恵美議員の出産に際して、議員の育児休暇取得を公言して話題を呼んだ。そんな人物が、奥さんが臨月という時期に別の女性と密会しているという情報をつかんだ。議員としてはさほど有名ではないが、「育休問題で注目を集めながら、本人は育休とは程遠い行動をしていた」という事実は、報道して問題提起する意義があると判断し、掲載を決めた。

ただし、記事を出すタイミングについては編集部内でも議論があった。写真週刊誌も動いているという情報があり、私としては一刻も早く出したかった。一方で、金子議員が週刊文春で初めて夫の不倫を知り、そのショックで母体や生まれてくる赤ちゃんに何らかの影響があれば、取り返しのつかないことになる。「たとえ他誌に抜かれても金子議員の出産を待ってから掲載する」というのが最終的な結論だった。

誰のスキャンダルなら取り上げるか。そこに明確な基準はない。時代性、タイミング、あらゆる角度から検討し、判断している。

いずれにしても、本音を言えば、週刊誌があまり偉そうにジャーナリズムを語るのも気が引けるのだ。そもそもゴシップを楽しむというのは古今東西見ても、ひとつの文化だと思う。**偉そうな人、気取っている人をおちょくって、世の中のガスを抜き、憂さを晴らす。**それも週刊誌にとって大切な役割であることを私は否定しない。

「剛腕・小沢一郎」にひれ伏したメディア

２０１２年６月、編集長になって２カ月後、初めて完売号が出た。右トップが「小沢一郎　妻からの『離縁状』」。ジャーナリストの松田賢弥さんの執念が実った渾身のスクープだ。松田さんは長年にわたりこの問題を取材してきた。私にとって最初の合併号となったゴールデンウィーク特大号では「小沢一郎に隠し子がいた！」という記事をスクープしていた。松田さんには気心の知れたデスクと敏腕記者をつけていた。そのデスクから「小沢さんの妻が離縁状を書いて後援者に送ったらしい」と報告を受けた私は「入手したら大スクープだ」と興奮した。松田さんと記者は一軒一軒、岩手の小沢さんの後援者の家をまわった。そして遂に松田さんは手紙の入手に成功したのだ。

「小沢は放射能が怖くて秘書と一緒に逃げだしました」――。夫人によって書かれたその手紙はそれまでの「小沢一郎像」を根底からひっくり返すインパクトのある内容だった。これが世に出れば「小沢神話」は崩壊する。私はそう確信した。一方で、これは私信である。公開する大義名分はどこにあるのか。顧問弁護士を交えて慎重な打ち合わせを重ねた。最終的に私が下した結論は、**日本を代表する政治家であり、公人中の公人である人物の資質を詳らかにする手紙は、広く世の中に伝える公共性も公益性もある**というものだった。

発売前日、編集部にはテレビ局の報道番組、ワイドショーから次々に記事使用を求める電話が入った。これはすごい。話題になる。

ところが、この記事を紹介したテレビ番組はひとつもなかった。なぜだ？　私は知り合いのテレビ局の人間に探りを入れた。ある番組関係者はこう言った。「小沢サイドから政治部に圧力がかかった。『もし一行でも週刊文春の記事を紹介したら、今後はおたくとの付き合いを考えさせてもらう』と」。それでも小沢さんの地元にまでカメラを出して放送に執念をみせた報道番組もあった。ところが、その番組には小沢サイドからこんな連絡があったという。「他はみんな紹介を中止してくれたのに、おたくだけ突出して大丈夫か」。結局、その番組も右にならった。大手新聞も一切無視。唯一、毎日新聞の山田孝男さんがコラム「風知草」で、一連の顛末を取り上げてくれた。

一方で、ネットでは話題が爆発した。発売前日に週刊文春ＷＥＢで配信された「スクープ速報」には８万件ものアクセスがあった。こうした新聞・テレビとネットとの温度差は拡がる一方だ。そしてそれに比例するようにマスコミ不信は膨れ上がっていく。

読者、視聴者はとっくに「何が真実なのか」を自ら知り得るようになっているのだ。
タブーを撃つ。それこそが週刊文春が読者の信頼を得る方法なのだ。

「白くする取材」を怠ってはいけない

タブーを報じることには当然大きなリスクがともなう。その際、唯一絶対の拠り所が「ファクト」だ。事実こそが最大の武器なのである。それだけにファクトを裏づけるための取材は徹底的にやる。

かつて警察庁長官だった人物と食事をしたとき、足利事件の菅家利和さんの冤罪の話になった。「なぜ冤罪が多いのですか？」と聞くと、彼は「白くする捜査をしてないからだ」と言う。「白くする捜査」という言葉に興味をひかれた私は詳しい説明をお願いした。元長官いわく、捜査の現場は常に「相手は黒だ」と思って、黒くする捜査をする。すると、相手が白である証拠、専門用語で「消極証拠」というが、それが目に入らなくなる。そこで「白ではないか」という逆の視点のもとでもう一度捜査をし直す。その結果、消極証拠が次々に浮かび上がり、被疑者は白となることがあるそうだ。だからこそ「白くする捜査」を怠ってはいけないのだと教えてくれた。

これは我々の仕事でも全く同じことだ。もちろんスクープを獲るために、相手は黒だと思って取材をするが、**「いや待てよ、ひょっとしたら白じゃないか。ガセじゃないか」という目でもう一度全体を見直すことで、「消極証拠」が浮かび上がることがある。**思い込みが強すぎたり、功を焦ったり、上からのプレッシャーがきつすぎると、「ガセかもしれない」と疑う芽を摘んでしまうことがあるのだ。よって、現場には「白くする取材を忘れるな」と言っている。

「黒」と「白」の「複眼」を持つ。噂に毛が生えた程度の裏付けでは絶対に書かないし、裁判で勝てるだけの取材を重ねる。「事実はこうに違いない」ではなく「事実はこうだ」と言い切れるまで取材を尽くすのだ。逆に言えば、そこまで事実を詰められなければ、潔く撤退する。いくら膨大な時間とお金と人手をかけた大型プロジェクトだったとしても、撤退する勇気をもつ。万が一、大誤報となったら、そのときこそ週刊文春の看板に取り返しのつかない大きな傷がついてしまうのだ。

ファクトが全てである。**敵とか味方とか、好きとか嫌いとかよりも、まず事実か事実じゃないかということが、私たちの取材の大前提であり、全ての出発点**なのである。

「トランプ的なもの」といかに戦うか

トランプ大統領の誕生は衝撃的だった。

私がいちばんショックを受けたのは、「ファクト」というメディアにとっての最大の武器が通用しなくなる恐れが出てきたことだ。「ポスト真実」「オルタナティブ真実」などという言葉がまかり通るようになったとき、メディアは何を武器に権力と戦えばいいのか。大統領就任式に集まった国民の数なんて、ごまかしようのないものだと思うのだが、そうした客観的な事実さえも認めない人間が権力を握る時代がやってきたのだ。「自ら見たい事実」しか見ようとしない人間が、「自らにとって都合のいい事実」だけをツイッターなどで世界中にばらまく。そしてそれに快哉を叫ぶ人々もまた、「自ら見たい事実」しか見ようとしないのだ。

ただ、こうした事態を招いてしまった背景には、メディア自身の責任もある。アメリカ国民の多くは、エスタブリッシュメントの代弁者であるメディアにもＮＯを突きつけたのだ。日本も例外ではない。**政治家、捜査当局、あるいは大手芸能事務所のコント**

ロール下に置かれ、彼らにとって都合のいい情報ばかりを垂れ流していては、読者の信頼を得ることはできない。一方でインターネット上には、コントロールされた「建前情報」だけではなく、むき出しの「本音情報」が溢れ返っているのだ。このギャップは拡大の一途をたどっている。そうした状況で、「本音の権化」であるトランプ氏が歓迎されるのは、必然とも言える。メディア不信の空気は世界中を覆いつつある。

では、メディアはどうすればいいのか。最大の問題はトランプ大統領の前では事実か否か、が争点となっていないことだ。それゆえにメディアがいくらトランプ大統領を批判しても、いや批判すればするほど、彼の支持者は被害者意識を募らせる。荒唐無稽な陰謀論がまかり通る。最近特に感じるのが、「本人がそう言っているんだから間違いない」と信じ込む人が増えていることだ。権力者に限らず、誰しもが自分にとって「都合の悪い真実」を隠そうとする。メディア側と書かれた側の主張が食い違った場合、どうすれば読者に信じてもらえるのか。これは報道機関にとってきわめて切実な問題なのだ。

ただ、私はメディアに効く特効薬などないと思う。**ただただ愚直に正真正銘の「事実」を権力者に突きつける。**そうした積み重ねによって、読者の信頼を取り戻すしかない。トランプ批判を前面に打ち出した「ニューヨーク・タイムズ」が、デジタルの有料会員を28万人も増やしたことには大いに励まされた。

編集長が判断を下すときの三要件

誰のことを報じて、誰のことを報じないか。何が事実で、何が事実でないのか。あるいは取材班の体制はどうするのか、どのタイミングで記事を出すのか。最後の最後に判断するのは、編集長である私だ。私が判断を下すとき、大切にしている三要件がある。

正当性、合理性、リアリズムである。

まずは、本当にその判断が正しいのか。きちんと本質を突いているか。そして、理に適っているか。正当性と合理性、この二つで判断すれば、たいてい間違いはないだろう。

ただ、そうやって理詰めで正しく判断できたとしても、人間はやっぱり感情を持った生物だ。白か黒かで割り切れない部分もあったり、情に流されたりする部分もある。その**「きれいに割り切れない曖昧なところ」について判断する上で必要なのが、「リアリズム」**なのだ。杓子定規にあらゆるものを公式にバシッとあてはめて「これはマルです」「これはバツです」というようにはなかなかいかない。

例えば週刊文春には「ネタを取ってきた人間が原稿を書く」というルールがあること

は前述した。これは99％以上は守られていると思うが、例外はあり得る。締め切り目前に新人がたまたま大きなスクープをつかんだとして、まだロクに原稿を書いたこともないような人間に細心の注意が必要な記事を書かせられるか。答えはノーだ。いくらデスクが必死で書き直したとしても突貫工事では必ずミスが出る。そのリスクは避けたい。だからといって翌週に延ばしたら、他のメディアに抜かれてしまうかもしれない。そんなときには現実的な判断が求められる。ただし、なぜあえてルールを破ったのか、についてはスクープを獲った新人やデスクに丁寧に説明する必要がある。

私は情に流されやすい人間だという自覚がある。実際、編集長になるにあたって、その点に気をつけるようにアドバイスしてくれた先輩もいる。私は流されていい情と悪い情があると思うのだが、その見極めは本当に難しい。特に難しいのが、日頃からお世話になっているネタ元に「どうしてもやってくれ」と頼まれるケースだ。大したネタではない場合、正当性、合理性にてらせば、ボツだ。一方で、日頃の人間関係や、ここで恩を売っておくとまた大きなネタを持ってきてくれると、リアリズムで考えればGOだ。最後の基準は、週刊文春の記事として出して、読者に対して恥ずかしくないか、である。それはあらゆる判断に当てはまる絶対の基準だ。

ネタの採否について、つけ加えておくと、週刊文春がスクープを連発していることで、ネット上では誤解も散見される。「文春は金払いがいい」とか「探偵を使っているようだ」とか、それらしく書いてあったりする。

ここは大切なので明確にしておきたいが、週刊文春の方針として**「ネタは金で買わない」**。これは大前提だ。最初からお金目的で編集部にネタを持ち込む人間に関しては基本的に断る。駆け引きでお金を吊り上げようとする人も同じだ。

なぜそうした人を排除するのか。それは、情報提供の動機がお金だと、お金のために嘘をつく可能性があるからだ。データの改ざん、加工など、証拠を偽造することもある。そんな話を掴まされて、それをもとに記事を書いたら、大変なことになる。よって、「なぜ情報を提供するのか」という動機については慎重に見極める。私憤なのか、公憤なのか、お金なのか。そこを丁寧に聞く。一回ではなく何度も会って、その動機をよく見極めた上で判断している。

「やる意義のある売れないスクープ」を掲載するか

私は、スクープには4種類あると考えている。「やる意義のあるスクープ」と「やる意義のないスクープ」。「売れるスクープ」と「売れないスクープ」だ。

そして我々が目指すべきは言うまでもなく「やる意義があって、売れるスクープ」である。「やる意義もないし、売れない」ものは最初からボツだ。

常に悩むのは「やる意義があるけど、あんまり売れません」というネタと「売れるんだけど、大して意義はありません」というネタの、どちらを採用するのかだ。あるいはどちらの見出しを大きくし、多くのページを割くのかだ。これは今でも毎週悩んでいる。

ここでの判断にも正当性、合理性、リアリズムが求められる。

部数だけを考えれば、少しでも売れる可能性のある記事ばかりを並べたほうが、目先の数字は良くなる。経済合理性を考えれば売れそうな記事に特化したほうがいい。しかし、それをやってしまうと、現場がどんどん死んでいく。というのも、週刊誌の記者は根っこの部分にみんな「自分たちなりの正義感」を持っている。少しでも世の中の役に立ちたいと考えている。自分の記事が出たことによって、少しでも世の中にいいインパクトを与えたいという思いがある。よって、地味なテーマ、地味な相手かもしれないけれど「許せない」と思って、自分なりに一生懸命にネタを取ってくるわけだ。それを片っ端から「売れないよ」と言って潰していたら、現場のモチベーションはどんどん下がってしまう。ただ一方で「正義の記事」ばかりを追い求めていても、雑誌は売れない。

そこで現実的な判断として、私が常に心がけているのは、**売れそうな記事をラインナップに入れて、そこで部数を担保しながら、売れなくてもやる意義のある記事も掲載する**ことだ。このバランスが大切だと考えている。

いくら殴られようが倒れるつもりはない

スクープ記事には、常に名誉毀損などの訴訟リスクがついてまわる。最近は特に、裁判で勝つのが大変になっている。私はデスクや記者時代にも訴訟を起こされたことがあるが、その当時と比べても、求められる立証のハードルが高くなっていると感じている。編集長になったばかりの頃は、かつてのイケイケの感覚でやっていたため、次々に裁判を起こされ、かなり苦戦を強いられた。今までなら勝ったと思うような裁判で負けることも多かった。私はそのたびに敗因はどこなのかを分析してきた。

その結果、徐々に脇が固まり、ずいぶん負けなくなった。特に最近多いのは、我々が「勝訴的な和解」と呼んでいるものだ。こちら側の謝罪なし、賠償金なしで、相手が訴訟を取り下げるパターンである。

訴訟対策には万全を期している。噂レベル、推測レベルで書くことは絶対にない。**事実であることの裏付けや、事実と信じるに足りる「相当の理由」となる証拠をしっかりと固めている。**また、取材に応じた証言者は、仮に訴訟になったときに、実名で陳述書を書いてくれるのか、証言台に立ってくれるのか、どこまで腹を決めてくれるのか、を確認しながら記事を作成している。

ちょっとでも危ないと思ったら、デスクはリーガルチェックのために、必ず顧問弁護士に原稿を読んでもらう。弁護士のアドバイスには全て従う。

記事を作る側が、少しでもおもしろくしたいと考えるのは当然だ。しかし、そのおもしろさの中に落とし穴がある。特にタイトルや小見出しのつけ方で踏み込みすぎると、そこが問題になるケースがある。実名を出すのか、写真はぼかすべきか。法務部や顧問弁護士と緊密にやりとりしながら判断している。

読売巨人軍をめぐる訴訟は印象に残っている。週刊文春は2012年6月、巨人軍の当時の監督、原辰徳氏が元暴力団員に1億円を要求されて支払ったと報じた。その第2弾では、読売巨人軍が支払った相手を「反社会的勢力ではない」と会見で説明したことに対して、「読売のウソ」と報じた。その部分を読売巨人軍から名誉毀損で訴えられた。

原前監督が元暴力団員に1億円払ったということ自体は揺るぎない事実だ。ただ、もし「反社会的勢力だ」と認識した上でお金を渡していたら、プロ野球協約違反である。そうなると原氏が監督を辞めなければならない可能性がある。よって、週刊文春では「読売巨人軍は反社会的勢力だと知りながら、知らないと嘘をついたのではないか」と指摘する記事を出したわけだ。すると読売巨人軍は「反社会的勢力だという認識はなかった」と名誉毀損で訴えてきた。

裁判は読売巨人軍側の「内面」を立証するという異例のものとなった。彼らがそういう認識は「なかった」と主張するのを「あったはずだ」と覆すという難しい裁判だ。

私はエース格の記者に裁判対策に全力で取り組んでもらった。記者は恐喝したのが紛れもなく暴力団員であることを示す「盃事《さかずきごと》」の写真を入手していた。「親と子の契り」

を交わす暴力団特有の儀式で、客観的な証拠である。この写真に加え、数十ページに及ぶ詳細な陳述書を裁判所に提出した。さらに内容は伏せるが、読売巨人軍側が「反社会的勢力だと認識していた」ことを示す決定的な物証も取材班は入手した。記事を出して終わるのではなく、その後も訴訟対策を怠らなかった。そうした現場の努力が、一審、二審、最高裁での完勝となって結実したのである。

事実を立証するためのハードルは上がっている。「匿名の証言だけではダメ」「伝聞の情報ではダメ」。また、たとえ公人であったとしても、プライバシー権の侵害にあたると指摘されるケースも増えた。相手にとって不都合な真実を報道することが難しい時代になっているのは確かだろう。ただ、「じゃあ、やらなくていいのか」といえば、私は絶対にそんなことはないと思っている。

最近はメディアが戦いの場から降り始めている。**権力、発信力、影響力を持った人にとって都合の悪い部分に斬り込み、勝負を挑んでいくメディアがどんどん減っている。**私は、いくら殴られようが倒れるつもりはない。週刊文春は、あくまでも「今」という時代と勝負するメディアであり続けたい。

限りなく「タブー」をゼロにする

メディアの自主規制が加速しているように感じる。なぜそのような状況が起きているのだろうか。ひとつは前述した訴訟の問題だ。もうひとつは、メディアの「炎上恐怖症」によるものだと考える。メディアが世間の反応に敏感になりすぎて、リスクの少ない建前ばかりを並べる傾向がある。週刊文春が「元少年Aを直撃！」の記事を掲載したとき、他の多くのメディアがタブーを恐れていることを実感した。

神戸連続児童殺傷事件の加害者「元少年A」の著書『絶歌』（太田出版）を読んだ私は、彼が本当に更生しているのか疑念を抱いた。このままの状態で彼を社会に受け入れて本当に大丈夫なのか、と。遺族や被害者への贖罪意識にも疑問が残った。

我々は元少年Aの現在の所在を割り出し、長期にわたり追跡取材を行なった。24時間二交代制で張り込んだのだ。そして遂に彼に直撃して取材を依頼した。すると彼は我々を見るなり豹変した。自転車を地面に叩きつけると、記者の腕をつかみ大声で威嚇し始めたのだ。「命がけで来てんだろ、なあ。命がけで来てんだよな、お前。そうだろ！」

と。この顛末は「追跡250日」のサブタイトルをつけて記事にした。黒い目線を入れ、現在の彼の写真も掲載した。

このとき私は「なぜ記事を掲載したのか。少年法に反するのではないか」と、新聞を中心に他のメディアから厳しく批判されることを想定して、コメントまで用意していた。ところが、あれだけ甘利氏やベッキーさんのことを後追いしてきたメディアが、今度はどこも報じないのだ。

繰り返し強調しておきたいのは、あの記事を載せたのは世の中に問題提起をしたかったからだ。元少年Aをいかに社会が受け入れ、いかに共存するのか。現行の少年法は現実に則しているのか。彼が自分自身をどこまでコントロールできているのか、という懸念もあった。もちろん彼が更生していないと断定するつもりはない。ただ、これは社会で広く議論すべきテーマだと考えたのだ。

大手メディアが後追いしなかった一方で、ネットでは、少年法のあり方や彼の著書を巡る問題など、さかんに考察、議論が行なわれた。もちろん乱暴な意見も散見されたが、ネットと大手メディアのこの熱量の違いに、今のジャーナリズムが抱える問題点がはっきりと表れていたように思う。

こうした傾向はメディア全体を覆っている。小沢さんの妻からの離縁状の記事については先述した。芸能界に目を転じれば、ますます顕著だ。２０１７年新年特大号で週刊文春が報じたジャニーズの嵐・松本潤さんの二股疑惑などはきわめてわかりやすい。ワイドショー、スポーツ紙など大手芸能メディアが完全スルーなのに対して、ネット上は「なぜどこも報じない？」「ジャニーズの圧力に屈した」などといった書き込みで埋めつくされた。**やっていることは同じでも、相手が強い事務所なら書かないし、弱い事務所なら袋叩きにするというダブルスタンダードは、とっくに読者・視聴者に見透かされている。**これでは「マスゴミ」の蔑称を返上することはできない。

「ことなかれ」ではなく「ことあれかし」

「ジャーナリストは『ことあれかし』だ」というのは立花隆さんの名言である。「ことあれかし」とは「何かが起きないかな」と期待する気持ちだ。逆に「ことなかれ」はジャーナリストの敵だ。

もうひとつ、元担当編集者から聞いた松本清張さんの名言が**「週刊誌とは生体解剖**

だ」である。「死体解剖」になってはいけない。既に評価が定まったものを、いくら切り刻んでもおもしろくない。生きているところを、そのまま解剖して「実はこんな人間だ」と伝えるからこそ、読者は興味を持って読んでくれる。もちろん生体解剖だから、切れば血が出るし、失敗したら生命にも関わる。メスならぬペンさばきには細心の注意が必要だ。

「ことあれかし」と「生体解剖」は、まさに週刊誌の本質を突いている言葉だと思う。やはり大きな事件があると、編集部は活気づくものだ。横山秀夫さんの小説『クライマーズ・ハイ』（文春文庫）でも、御巣鷹山に飛行機が落ちたとき、地方紙の編集局が色めき立つ様子が描かれている。それはもちろん悲惨な事件を喜んでいるわけではない。目の前に「伝えなければならない事実がある」という使命感から生まれる熱気だ。「誰よりも早く、誰よりも正確に事実を伝える」という記者としての本能がそうさせるのだ。

そんな非常事態において、大過なく過ごそうと思う人、なるべく傷つかずに、ほどよい手柄だけ取れればいい、などと考える人は記者には向いていないだろう。

週刊文春を火曜日の夜に校了した後で、デスクと「今週もしびれたな」「綱渡りだったな」とよく話す。私はこの感覚が好きなのだ。先行きが見えない中、走りながら次々に軌道修正をくわえ、なんとか着地を決める。何ごともなく淡々と終わる週は、ほとんどない。私はよく「週刊誌作りは究極の結果オーライビジネスだ」と言うのだが、それを、おもしろがれるか、おもしろがれないか。おもしろがれる人が偉いとは言わないが、おもしろがれる人が向いているのがこの仕事だ。

「ことあれかし」で生きることはハタから見れば大変そうかもしれないが、私は楽しい。何が起きるんだろうとビクビクして生きるよりも、何かが起きれば「来たー！」といってフルスイングする。

「２０１６年はネタがたくさんありましたね」と言われることがあるが、それは違う。ネタはたまたまあったのではなく、記者たちが取ってきたのだ。**私は受け身の発想が嫌いである。どんどん攻めて、状況を変えていく。**何ごともこの姿勢が大切なのだと思う。

第6章

「売れない」時代のマーケティング

戦略／本質

メディアの「外見」の議論が多すぎる

雑誌が売れないと言われて久しい。本当にもう雑誌はダメなのか。座して死を待つしかないのか。本章では、私が考えるメディアの未来、インターネット時代の週刊文春のあり方を通して、激動の時代に生き残るための戦略を探っていきたい。

昨今のメディアに関する議論を見ていてまず言いたいのは、「外見についての議論が多すぎる」ということだ。「4Kか8Kか」「デジタルか紙か」といった議論は、外見の話だ。大切なのはあくまで中身。どういうコンテンツになら、お金を払ってもらえるか。今こそ、そこをとことん突き詰めるべきだろう。

自分たちはこれまで何でメシを食ってきて、これから先何で食っていくのか。

転換期、激動の時代こそ、物事はシンプルに考えるべきだ。週刊文春のいちばんの武器は何か。週刊文春が生み出す価値あるコンテンツは何か。ほかがマネできない、お金を払うに足るコンテンツとは何か。そう考えれば自ずと答えは出る。

あとは、オリジナルの必殺技を磨き上げ、雑誌の「幹」を太くしていくことに注力すべきだ。全ての判断はそれを基準に下される。**幹を太くするものに関しては積極果敢に取り組むが、幹を細くする恐れのあるものは徹底的に排除する。**そうした戦略が、週刊文春というビジネスモデルを持続可能なものにする。我々の根幹は言うまでもなく「スクープ力」である。それこそが「文春オリジナルのコンテンツ」を生み出す。よって、その力を弱めるような、取材費や人員の削減などは断固として行なわない。

幹を太くすることは何でもやる。読者との双方向性を強化し、情報収集ネットワークを拡大するために「文春リークス」を立ち上げる。取材費を補填し、かつスクープの価値を他のメディアに理解してもらうために、記事使用料をもらう。これらは全て幹を太くする施策だ。このいちばん根幹の部分は全く揺るがない。その強い幹から、どういうふうに枝葉を張り巡らせるかという発想が大切なのだ。

幹が細くなっているのに枝葉ばかりをどんどん張ろうとすると、あっという間にグラグラになり倒れてしまう。インターネットのメディアを見ていると、目先のページビュー（ＰＶ）稼ぎのために、大切なコンテンツを無料でどんどん流してしまうことが多い。これを続けると、広告料収入はあるかもしれないが、幹は細くなっていってしまう。他の雑誌と十把一絡げにされた読み放題サービスも「幹を細くする」行為だ。コンテンツビジネスを進めて行く上での大原則は、「コンテンツを適正な価格で提供する」

ことにある。一カ所でも蛇口が開いていては、成り立たない。

今多くの出版社が目先の売上で帳尻を合わせるため、大量の臨時増刊を発行しているが、そこにも落とし穴がある。もちろん充実した内容のものであれば、何の問題もない。だが人件費を削るため、通常の雑誌と並行して臨時増刊を作れば現場は疲弊するし、トップダウンで否応なく作らされたりする状況だと、「熱」のある、おもしろいものにはならないだろう。ベストセラーの二番煎じにも同じことが言える。最悪なのは、その結果ブランドへの信頼に傷がつくことだ。安全策に走った結果、「小さな負け」を積み重ねていくと、気づいたときには取り返しのつかない「大きな負け」を喫してしまう。

これはどんなビジネスにも通じることではないか。

コンテンツの流通革命によって本質が見えづらくなっているが、**いちばん大切なのは、そのコンテンツが「本当におもしろいかどうか」だ。**

画質が悪かろうが「安村さん、パンツ穿いてましたか？」という直撃動画がおもしろければ見てしまう。深作欣二の映画のように手ブレしまくって荒れた画面でも「先生、父親としてどう思われるんですか？」と宮崎謙介議員を直撃すれば見てしまうのだ。雑誌も新聞もテレビも「オールドメディア」などと言われているが、「オールド」も「ニュー」もない。大切なのは、シンプルに「本当におもしろいかどうか」なのである。

強いコンテンツがあれば主導権を握ることができる

流通革命が起き始めた当初は、コンテンツメーカー側とプラットフォーム側の力関係が随分いびつだと思っていた。無料での記事提供や読み放題サービスなど、プラットフォーム側から買い叩かれる構図が続いていたのだ。コンテンツ制作側は、安売り競争に巻き込まれた結果、コスト削減を迫られる。そうなれば当然コンテンツのクオリティは下がる。こうした「負のスパイラル」がずっと続いていた。

しかし、プラットフォーム側がこぞって欲しがるような本当に価値のあるコンテンツさえしっかり持っていれば恐れることはない。コンテンツメーカーが主導権を握り返してプラットフォーム側と向き合うことができる。

実際に、週刊文春はドワンゴと組み、「週刊文春デジタル」という有料メルマガを立ち上げた。ヤフーやＬＩＮＥなどからも同様のアプローチがある。特にＬＩＮＥは熱心で、２０１７年1月から一緒に有料のアカウントメディアを始めた。また、アベマＴＶからもニュース番組の中に週刊文春のコーナーを作りたいとのリクエストがあり、これも毎週発売前日の水曜日夜に放送する。

週刊文春のコンテンツに魅力を感じてくれる人がたくさんいれば、こちらが主導権を握っておもしろいことをいろいろと仕掛けられる。全ての原点にあるのは「おもしろいコンテンツを作れる存在であるかどうか」だ。その生命線さえしっかり自覚して守っていければ、週刊文春は十分に生き残れる。

ただ一方で、コンテンツメーカーが危惧すべきなのは、**プラットフォーム側が潤沢な資金を使って、優良なコンテンツの製作に乗り出している点**だ。ネットフリックスが制作したホワイトハウスを舞台にした政治ドラマ「ハウス・オブ・カード」はエミー賞を受賞した。文藝春秋のベストセラー『火花』もネットフリックスがドラマ化し、NHKが放送している。またアカデミー賞6部門にノミネートされた「マンチェスター・バイ・ザ・シー」はアマゾンの制作だ。プラットフォーマーにとっては自ら製作したコンテンツを自らユーザーに届けた方がメリットは大きいに決まっている。こうした流れは報道の分野にも顕著で、ヤフーもオリジナルニュースに力を入れはじめている。手遅れになる前に、既存メディアは自らのコンテンツ力を極限まで磨き上げるべきだろう。

敬意を払ってもらえる「ブランド」になる

ネット上では「ニュースは無料」という風潮が根強くある。インターネットの発達でコンテンツの流通革命が起こった当初、各メディアは拡散を第一に考え、ニュースを片っ端からタダで流してしまったからだ。そうした空気が蔓延してしまった結果、ニュースに課金するのがものすごく難しくなってしまった。それでもPVを稼げれば、それなりの広告料が入ってくる。メディアはそれを求めてコンテンツの安売り競争に引きずり込まれ、主導権はプラットフォーム側に握られてしまった。そしてその先に待ち受けていたのは、取材費カット、人件費カット、ページの削減などによる、コンテンツの劣化である。ひとたびそうした負のスパイラルに陥ってしまうと、簡単には抜け出せない。

これからメディアが生き残る上で不可欠なものは何か。我々で言えば、**週刊文春という看板、ブランドへの信頼**だと考える。「週刊文春が書いているから事実だ」「週刊文春のスクープにはお金を払う価値がある」。読者のみなさんにそうした信頼を持っていただくことが何よりも大切である。**スクープを獲るためには「手間、暇、お金」がかかっていることを理解していただき、それに対する対価を払うことへの抵抗感を払拭したい。**

2016年以降、週刊文春の記事への反響をネットで読んでいると、「文春を買って応援しよう」といった書き込みを見かけることがある。正直言って涙が出るくらいうれしい。

一方で、週刊文春の記事をネットで無断盗用されることも多い。メディアであれ個人であれ、気がつけばすぐに警告を発している。あまりに悪質な場合は警視庁に刑事告発し、「スクープ泥棒」が逮捕されたこともある。

また、相手がメディアの場合、「引用元」を明記するのは最低限の常識だ。今まで週刊誌は泣き寝入りすることが多かった。平気で「いついつまでにわかった」と書く。なんでわかったのか、引用元は読者、視聴者にとっても有益な情報であるにも拘わらず、そうした悪しき慣習はいまだに根強く残っている。私は目に余るときには自分で直接抗議している。週刊文春の将来を考えたときに、「コンテンツビジネス」「ブランドビジネス」を確立することは極めて重要だ。そのためには、他のメディアにも、週刊文春のコンテンツやブランドに対して最低限の敬意は払っていただきたいのだ。

甘利さんの金銭授受疑惑のスクープの際、発売前日の水曜日にNHKは夜7時と9時のニュースで続けて週刊文春の表紙とともに「明日発売の週刊文春で甘利さんの政治と金の問題について報じる」という内容を放映した。

一方、同じ水曜日のテレビ朝日「報道ステーション」では「一部週刊誌」とだけ伝えた。表紙はもちろん映さない。引用元も一切明示せずに、週刊文春の記事の中身を詳細に報道したのだ。これは悪質極まりない。

私はすぐに「報道ステーション」宛に抗議文を送った。週刊文春をメディアとして評価、信頼できないのなら、今後の記事使用は一切断ると伝えたのだ。結局テレビ朝日側はホームページに謝罪文を掲載した。それ以降は甘利さんの事件も含めて「週刊文春が報じた」という形で紹介されるようになった。

ワイドショーやバラエティの場合、週刊文春の記事を引用する際には使用料をいただいている。ベッキーさんや舛添さんのスクープの際には週刊文春の記事紹介だけで、40分近くコーナーを作ってしまうこともあるのだ。かつては宣伝になるという考え方もあったが、私はこれもコンテンツビジネスの一環だと考えている。２０１６年３月より、一つの記事につき3万円をいただくようにした。動画は一本5万円だ。

スタートから10カ月ほどで、記事使用による収益は３６００万円を超えた。こうした収益が取材費、人件費に還元できれば、スクープを最大の武器とする週刊文春のビジネスモデルの幹はさらに太くなるのだ。

ビジネスは対極と組んだほうがおもしろい

これからの時代、ビジネスにおけるキーワードは「異業種とのコラボレーション」だと思う。それによって時代の変化に適応して進化を遂げたものが生き残る。まさにダーウィンの進化論の世界だ。週刊文春からすれば、テレビやネットメディアなど、様々な業種と積極的に組むことである。その結果、新たな化学反応が起こり、おもしろいコンテンツを生みだすことができる。そしてそれは新しい読者の開拓にもつながるのだ。

組む相手を選ぶ際、重要な条件が二つある。ひとつは**相手が「熱」を持っていること**だ。熱がある同士でぶつからないと、おもしろい化学反応は生まれない。「上に言われたから」とか「週刊文春は今話題だから便乗して」といった受け身の発想の相手と組んでも、ストレスがたまる一方だ。同じ温度感、スピード感を持っているか、をまず見極める。週刊文春の課金モデルについては、ヤフーとＬＩＮＥ双方と実現に向けた打ち合わせをしたが、ＬＩＮＥのほうが熱かったし、反応が早かった。ああいう「前のめり」な感じは大事にしたい。すぐに成功するかどうかはわからないが、ネット上のビジネスにおいては、走りながら軌道修正していくことが大切だ。走り出さなければ何も始まらない。

もうひとつの条件が**自分たちと対極にある相手を選ぶこと**だ。そのほうが相互補完的な関係が作れるし、メリットは大きい。

編集長になってまもなく、スタジオジブリの鈴木敏夫さん、ドワンゴの川上量生さんと食事する機会があった。すごくおもしろい方々だったので、一緒に組むと何か新しいことができそうな予感がした。

特に川上さんは感覚が編集者っぽい。常に逆張りを意識している。みんなが「右」というときにあえて「左」を見ようとするのは編集者にとってすごく大切なセンスだ。「常識のウソ」に囚われない人だと感じた。こういう人と組むと新しいことができる、と直感したのだ。食事の後、すぐに川上さんに連絡してドワンゴの本社で二人で会った。そしてその場で連載を打診した。「考えてみます」との回答をいただき、編集部に戻ったら既にメールが届いていた。「1回分書いてみました」と。それですぐに連載が始まった。

川上さんと組みたいと思った最大の理由は、デジタル展開についても相談したかったからだ。結果的に、川上さんの提案を受けて、当時始まったばかりの「ブロマガ」で「週刊文春デジタル」をスタートすることにした。川上さんには文藝春秋の社長や役員にも会ってもらい、一緒に口説いた。川上さんは「メルマガは本来個人のものだが、週刊文春はキャラクターが立っているから大丈夫」と背中を押してくれた。

週刊文春のコアな読者とドワンゴの会員は、年齢層も含めて全くかぶらない。「週刊文春デジタル」にアクセスしてくる読者の6割ほどが10代、20代なのだ。したがってＡＫＢやジャニーズなどアイドル系のネタを取り上げると一気に入会が増える。紙の週刊文春の読者層とは全然違うリアクションが、興味深かった。一日で最も会員が増えた記事は乃木坂46のスクープで、約７５０人。もちろんある記事が目当てで入会した人はすぐに退会してしまう。ただし全員が退会するわけではない。他の記事も読んで「意外におもしろいな」と残ってくれる人もいる。そこに未来への希望を感じる。さらに言えば、「週刊文春デジタル」では動画や音声も自在に使える。紙の雑誌とは違う法的リスクもあるが、それを慎重にクリアしながら、一歩一歩進めていきたい。現在有料会員は７０００人に迫る勢いで、右肩上がりに増え続けている。

今起きているのは「コンテンツ革命」ではなく「流通革命」

今メディア界に起きているのは「コンテンツ革命」というより「流通革命」だ。コンテンツの質を維持しながら、いかに流通革命に適応するかがカギだと考えている。

アマゾンのおかげで、家にいながらにして、あらゆるものがピンポイントで手に入る時代だ。こうした便利さに慣れてしまった以上、流通革命の流れが後戻りすることはない。「テレビを見ない」という大学生に理由を聞くと、「だってテレビをつけると途中から始まるじゃないですか」と口を揃える。**これまでは情報の発信者であるテレビ局が視聴者に対して圧倒的優位に立っていた。**「この番組を見たいなら、何曜日何時に何チャンネルに合わせろ」と。ところが今では、見たいときに見られなければ、「もういいや」となりかねない時代なのだ。

「見たい、読みたい」という読者のニーズに即応できなければ、ビジネスとして生き残れない。そうである以上、デジタル化の波を積極的に活用し、味方につける施策を打ち出した方がいい。紙と心中するなどという後ろ向きの発想は、週刊文春をどんな形であれ読みたい、と心待ちにしてくれている読者に対して無責任だと考える。もちろん、紙の週刊文春を読者に届けるパイプを太くする努力は必要だ。今でも書店との関係が大切なのは言うまでもないが、それだけではなくコンビニやアマゾンとの連携もさらに強化しなければならない。定期購読の拡充など、先細りしている読者との「接点」を新たに開拓することは喫緊の課題だ。これからは紙かデジタルか、読者の希望、都合で選べる時代になる。そうした変化に適応できなければ生き残れない。

デジタルによる記事の「バラ売り」も行なっている。例えばSMAP解散報道の際には、1年前に週刊文春に掲載したジャニーズ事務所のメリー喜多川副社長のインタビューを「eブックス」で販売した。これはすぐに1万部以上が売れた。また清原和博さんが覚醒剤取締法違反で逮捕されたときにも、2年前の薬物スクープを「eブックス」で販売した。価格はいずれも100円。「ユニクロ潜入一年」もアマゾンで期間限定99円で販売した。ネットビジネスではこうしたスピード感と手数の多さが勝負をわける。**チリも積もれば、結果的に大きな収益につながる**のだ。

イギリス紙「ガーディアン」も、独自にスクープ動画を撮ってそれを世界中に高く売ったりしている。そうした意味では、同じ雑誌だけではなくテレビも新聞もライバルになるのだ。**スマホの上では、全ての情報が「フラット化」される。**あの画面の中で、限られた時間、限られたお金を、自分たちが生み出すコンテンツに使ってもらえるか。熾烈な「戦争」が既に始まっているのだ。

読者とダイレクトにつながる仕組み

デジタル展開にはもうひとつ大きな利点がある。**読者とダイレクトにつながり、双方向のやりとりができる**ことだ。

週刊文春ではよく読者アンケートによる企画を行なう。名物企画となっている「女が嫌いな女」は、私がデスクの頃に考えたものだが、その他にも支持政党から、好きな女子アナまで、硬軟とりまぜて読者の声を反映させた記事を作っている。

せっかく読者と双方向でつながるチャンスなのだが、以前は1回数十万円を払って業者に頼んでアンケートを行なっていた。そこで私は編集長に就くとすぐ、業者にお願いするのをやめた。メルマガ会員を増やして、独自にアンケートをとるシステムに変えた。読者と直接つながる仕組みを作ったのだ。今、会員は2万数千人まで伸びており、

1000人くらいのアンケートなら、1週間もあれば結果が出るようになった。このメリットは非常に大きい。大変ありがたく、参考にさせていただいている。

また、14年7月には「文春リークス」という情報提供サイトも始めた。これがすごい。**1日に平均50件、多いときは100件以上の情報が寄せられる。**玉石混淆で、中には「ウチの主人はある大企業の部長ですが、不倫しています。探偵を使って写真も撮りました」という投稿もある。「いや、ウチは不倫マガジンではないのだけれど……」と困惑するのだが、中には「玉」もある。そこから大スクープも生まれている。スクープを飛ばせば飛ばすほど、情報提供は増える。この好循環は大切にしたい。

「週刊文春デジタル」では、月1回のペースでドワンゴの協力のもと、「文春砲ライブ」という生放送もやっている。週刊文春の記者が出演し、スクープの舞台裏を紹介したり、オリジナルのネタを特別に公開したりもしている。AKB総選挙の裏番組として、担当記者がそれぞれのメンバーに関するとっておきのエピソードを披露したこともある。乃木坂46のスクープを扱った際には、8万人もの来場者があった。

これらのデジタル戦略は、紙の週刊文春を無くしてしまうという話では全くない。紙の部数を維持する、上げる努力をするのは当然だ。ただ、週刊文春は踏みとどまっているる方だが、出版界全体では雑誌は苦戦しており、5年、10年と長い目で見たときに現在の規模で存続するのは非常に厳しいだろう。**紙の体力があるうちに新たなビジネスモデルを確立しなければならない。**デジタルのビジネスはトライアンドエラーの中から正解を見つけていくものだ。リスクに注意しつつも、積極果敢にいろんな可能性を探ってみるべきだ。

ちなみに私はデジタルに関する知識は全然ない。未だに「ガラケー」を使っている。だが、「こっちに進むべきだ」という大きな方向性だけはわかる。

週刊文春のデジタル展開は始まったばかりだ。動く、聞こえる、参加できる、一緒に作れる。そういう新しいメディアの形を想像すると胸が高鳴る。

スクープも知られなければ意味がない

「スクープ速報」は基本的に雑誌発売前日の16時に配信される。それがヤフーのトピックスなど、ネットメディアを通じて拡散していく。私が編集長になって始めたシステムだが、当初は速報だけで読者が満足してしまい紙の雑誌を買わなくなってしまうのではないか、という危惧もあった。デスク陣ともさんざん議論をしたが、最終的には、それでも拡散させるべきだとの結論に至った。**今の時代は、いくらスクープを飛ばしても話題にならないものはスルーされてしまうのだ。**

この「スクープ速報」は号外を打つこともしばしばある。池上彰さんのコラムを朝日新聞が掲載拒否した件では、同日発売の週刊新潮も同様の記事を掲載していることがわかったので、校了日である火曜日の夜に「スクープ速報」を配信した。その結果、「週刊文春デジタル」の会員は爆発的に増えた。芸能スクープでは、事務所がスポーツ紙にリークし、週刊文春のスクープを潰そうとすることがある。そうした動きがわかったときには、即座に「スクープ速報」を打つ。

デジタル上の戦いでは締め切りがない分、タッチの差が勝敗をわけるのだ。

読売巨人軍・高木京介投手の野球賭博問題を報じた際、週刊文春取材班は校了日の火曜日の昼までに回答するように巨人軍側に求めていた。昼の段階で巨人軍からは「調査中」という答えが返ってきた。取材班としては、高木投手が野球賭博に手を染めていた確証を得ていたので「名前を出す」方向で記事を作っていた。そこへ、その日の19時40分から巨人軍が高木投手のことで会見を開くとの情報が入ってきた。そうすると他のメディアが一斉に報じてしまい、週刊文春のスクープではなくなってしまう。そこで、異例のことだが火曜日の19時過ぎに「スクープ速報」を打った。それがヤフーのトピックスに上がり、世の中には週刊文春のスクープであると認識してもらうことができた。デジタル時代にスクープを飛ばそうと思えば、一瞬たりとも気が抜けない。

課金へのチャレンジと脱・PV至上主義

ＬＩＮＥとの課金モデルのビジネスはまだ緒についたばかりだ。軌道に乗るまでは試行錯誤が続くと思うが、手応えは大いに感じている。私はＬＩＮＥと組むにあたって、週刊文春のオリジナルスタンプを作ってもらうことが必須条件だと考えていた。これも紆余曲折を経て、最終的には人気キャラクターのゲスくまの特別バージョンのような形で実現した。このスタンプのプレゼントを利用した週刊文春へのお友だち登録キャンペーンを行なったところ、あっと言う間に２００万人を超える方が登録してくれた。まずその数に驚く。その人たちへ発売前日にスクープのダイジェストが送られ、予約すると発売当日の朝7時に記事が届く。ＬＩＮＥによれば、通常、スタンプだけもらってすぐにそれ以降の情報をブロックしてしまうケースが多く、6割を超えることもあるという。それが週刊文春の場合、3割程度で、ブロック率は極めて低かったそうだ。もちろん最終的にLINEのコインを使って記事を購入していただくことでビジネスは成立する。100コイン(240円)で特集記事約20本が読めるという内容だ。まだまだ課金の壁は高いのだが、将来的に大きな可能性を感じる。「週刊文春デジタル」の読者には若い男性が多いのだが、LINEの読者は主婦層を含めた20~50歳代の女性が多い。こうして様々な読者層にアプローチしていくことが大事だと思う。

今ネットビジネスのトレンドは、世界的にPVの数に応じて企業から広告を出してもらう「広告モデル」から、有料コンテンツを読者に購入してもらう「課金モデル」に移りつつある。アメリカでは「ニューヨーク・タイムズ」が約160万人の有料読者を獲得している。日本では「日本経済新聞」が約50万人でトップランナーだ。

一方で「東洋経済オンライン」に代表される広告モデルは、曲がり角にきている。PVと広告料がリンクしているため、どうしても「PV至上主義」に陥る。いかに制作費をかけずにPVを稼ぐかが、至上命題となる。「数字を獲得する記事こそがいい記事」となってしまうのだ。具体的には「ビジネス街の1000円ランチ」や「給料ランキング」から真偽不明の「女子大生の告白」記事まで、経済記事の本筋とは関係ないものが上位にくる。**なんでもPV数でランキング化してしまう「ネット民主主義」には、悪貨が良貨を駆逐するリスクが常にともなう。**先述した「やる意義のあるスクープ」と「売れるスクープ」のバランスが崩れてしまうのだ。

コスト削減のためには、他のメディアから無料のコンテンツを提供してもらうことにも注力する。それが加速していくと、記事のクオリティは二の次となる。こうした状況は志をもった記者や編集者にとっては辛く、持続可能ではない。PV至上主義の弊害が最悪の形で露呈してしまったのが、次に述べるDeNAの医療記事事件だ。

いちばん大切なのは「読者の信頼」

2016年、DeNAのWEBメディアが医学的根拠のない記事を掲載していたという事件が起きた。メディアとしてのモラルや記者の質など、検証すべき問題点は多い。とくに医療や健康といった生命に関わるテーマについて、読者をミスリードするようないい加減な記事を拡散させた罪は重い。これを機に、ネット上に飛び交う情報が、いかに玉石混淆かということが世の中に広く伝わった。そのこと自体は、週刊文春にとってはチャンスだと思う。**読者の視点に立てば、どの媒体が発信する情報なら信じていいのかが、ますます問われる時代になった。**これまでネット上では情報は無料というのが常識だったが、その常識が大きく揺らいでいるのだ。私が繰り返し述べている「ブランドへの信頼」が何より求められる。

健康情報は金になる。手っ取り早く読者がつく。ネットも含め、様々なメディアが参入しているが、中には目を覆いたくなるようなひどい記事もある。本来、医療、健康に関する記事を書くときに最も重んじるべきはエビデンス、つまり客観的な裏づけのあるデータだ。

人々の多くがネットから情報を得る時代にメディアは何を守るべきか。目先の金なのか、読者からの信頼なのか。近視眼的に見れば、目先の金だと考えるメディアもあるのだろう。だから「このキーワードでPVを稼げば金になる」という発想になるのだ。中身の正確性や信憑性よりも、とにかくキャッチーなものを並べて、読者をかき集めることが第一義になってしまっている。しかしそれは持続可能ではない。嘘は絶対にバレる。

一方で、**派手さはなくても、地道にコツコツと正確で信用される記事を積み上げていけば、読者との信頼関係を少しずつだが築くことができる。**長い目で見たときには、それこそがかけがえのない財産になる。「読者ファースト」。いちばん大切なのは読者の信頼だ。それこそが報道機関のビジネスモデルを持続可能なものにしてくれる。紙とかデジタルとかは関係ない。これは本質の話なのだ。

「幹を太くする」投資をせよ

読者の信頼を得るための投資は惜しまない。

真実を伝えるためには「割に合わない」こともある。「早く記事を出したいが、完璧に裏を取るにはさらに時間がかかる」という局面では、きちんと時間をかけ、人手をかけ、お金をかける。そういった投資は、絶対に惜しんではいけない。

我々にとって絶対に守るべき根幹は「伝えるべきファクトを伝える」ことだ。それこそが読者の信頼を得るための方法だ。そのためのコストを削るというのはいちばんナンセンス。取材費を削ったり、人を減らしたりすれば、自らの首を絞めることになる。信頼の幹をしっかりと太くしていかなければならない。

私は出版局の新書編集部時代に、ＪＲ東海名誉会長の葛西敬之さんに『明日のリーダーのために』という本を書いていただいた。中でも印象的だったのが、葛西さんがＪＲ東海の経営を担う立場になって、優先的に取り組んだことだ。葛西さんは、新幹線の車両そのものを改良した。日本の輸送における大動脈を、どこよりも速く、快適にすごせるようにしたのだ。それこそがＪＲ東海の「根幹」だ。その根幹部に、どんどんお金を投資して、幹を太くしていったわけだ。

国鉄時代はずっと赤字だったため、新幹線の車両もそのままだった。老朽化が進んでいた。葛西さんはそこに手をつけた。これはまさに正しい投資だと思った。ビジネスの根幹である大動脈の強靭化。それは国民にとっても有益で、リニア計画もその延長線上にあるのだろう。ちなみに先述したリーダーの決断における「正当性」と「合理性」は、その本の編集作業を通じて葛西さんに教わったことだ。

企業が利益を生み出す上での幹は何かを見極め、どこに投資するのかを決断する。どこを変えて、どこを変えないのか。そういった大局観がないと、目先のコストカットだけで、仕事をした気になってしまう。そういう人間ばかりが評価されるようになると、企業にとって大事な幹を細くすることにつながりかねない。

スクープ主義が成果をあげれば、部数も伸びるし、情報提供も増える。そうなってくると、週刊文春で勝負してみたいと腕に覚えのある記者たちが集まってくる。さらにネタが集まり、ますます売れるという「正のスパイラル」が生まれる。

雑誌が売れれば取材費だってケチる必要はないし、人員を絞る必要もない。安定飛行に入ることができる。もちろん波はあるものの、そういう兆候が出ているのは確かなので、これを大切にしていきたい。一時的な勢いではなく、持続可能にしていきたい。

付言すれば、週刊文春の収益を評価する上での「指標」を新たに作るべきだと思う。これまでは雑誌の売上と広告収入が二本柱だったが、本書で述べてきたように、週刊文春のコンテンツビジネスは一気に多様化が進んでいる。雑誌の売上を中心に、「週刊文春デジタル」「ＬＩＮＥアカウントメディア」などの課金ビジネス、「ｅブックス」などの記事のバラ売り、テレビやネットメディアの「記事使用料」、さらには記者のマネージメントや他企業とのコラボビジネスまで、ぐるりと３６０度、トータルで週刊文春が生み出す収益、社会的な影響力を評価する指標がほしい。

マスコミ全体が負のスパイラルに入っている中で、他のメディアは徐々にスクープ路線から撤退しつつある。それは週刊文春にとってはチャンスだ。**割に合わないリングであっても、そこが「幹」だと信じて踏ん張っていれば、唯一無二の存在になれるはずだ。**

おわりに　フルスイング主義で行こう

最後に、私が顔を出さない理由と、それなのにこの本を出版する真意について補足したい。私は取材を受ける際、顔を出していない。人さまのプライバシーを暴いている人間が卑怯だとお叱りを受けることもある。一方で、「向かうところ敵だらけ」とよく冗談を言っているからか、「そりゃ狙われると危ないですからね」と納得される場合も多い。私もたいていは「そうですね」などと調子を合わせている。実際、記者時代を含めて、胸ぐらをつかまれて殴られそうになったり、恫喝めいたことを面と向かって、あるいは電話で言われたりした経験は数えきれない。

山口組若頭射殺事件の関連で、ある大物組長の取材をしたときには、こんなこともあった。取材の最後にその組長に写真撮影をお願いすると、「写真十年や」と断られた。「ワシらの世界では、近影が出るとそれだけ的にかけられやすくなるから、寿命が十年縮むんや」というのだ。その取材からまもなく、インタビューした幹部3人のうち2人が射殺されたときには本当に驚いた。

だが、これはこの場を借りて強調しておきたいのだが、現在、私が顔を出していない理由は、狙われるのが怖いからではない。この仕事をやっていれば、そうしたリスクを覚悟するのは当然のことだ。

それよりも私が気にかけているのは、編集長が雑誌の前に出すぎる弊害だ。偉そうに感じたらお許しいただきたいのだが、**「週刊文春の誰々」ではなく「誰々の週刊文春」となってしまったら、この雑誌の将来にマイナスの影響が及ぶ**ように思うのだ。

実際、花田さんが編集長を辞めた後、週刊文春は苦戦を強いられた。あの当時、花田さんはテレビにもどんどん出ていたし、明らかに「花田さんの週刊文春」だった。しかも次に編集長になったのが、私が社内で一番好きだった設楽さんだ。私は週刊文春の編集部にはいなかったが、たまに社内で見かける設楽さんは、「Number」時代と比べてずいぶん苦労している印象だった。これは設楽さんが花田さんにくらべて編集長として劣っていたというわけではないだろう。タイプが全然違うのだ。テレビでもおなじみの花田さんによる刺激的な雑誌の後に、オーソドックスなものを作っても読者は物足りなく感じてしまう。週刊文春には目立ってほしいが、編集長は目立ちすぎない方がいいのだ。私の顔は、和田誠さんが毎週描いてくれる表紙なのだと決めている。

では、なぜ本書を自分の名前で出版するのか。

本書の冒頭に書いたように、我々の経験や仕事に取り組む上での考え方が多くの人に役立てばうれしいと思ったことがひとつ。もうひとつは時代の変化によるものだ。

そもそも文藝春秋に限らず、「編集者、記者は黒子であれ」というのが、出版界の不文律だ。目立たず騒がず、あくまでも作品なり、記事で評価されるべきであり、作り手側が前面に出ることをよしとしない。

だが、時代は変わった。情報の送り手と受け手の力関係は激変し、あらゆる情報が玉石混淆となってネット上に飛び交うようになった。匿名のまま木で鼻をくくったような対応ばかりしていては、情報の信憑性は十分には伝わらない。送り手の「顔」が見えづらいと、情報は説得力を持ちえないのだ。さらに言えば、**取材のプロセスも含めて「見える化」していかないと、記事そのものをなかなか信用してもらえない**。そうした時代に即応し、読者との距離を近づけるためには、折りに触れて、週刊文春の編集方針や取材・編集過程についても説明する努力が必要だと思っている。

さて、これまで偉そうに「編集長の仕事術」を説いてきた私だが、学生時代は「週刊誌を作りたい」と思ったことは一度もなかった。本当はテレビ局でバラエティ番組のプロデューサーをやりたかったのだ。ヨットとバイトに精を出しすぎたため一年留年して臨んだ就職活動。当然入れると思っていた某テレビ局に最終面接で落とされた。仕方がないから出版社でも受けようと思い、新潮社と文藝春秋を受けることにした。

新潮社の面接では「君は『週刊新潮』読んでるの？」と聞かれ、馬鹿正直に「読んでません」と答えた。面接官が「君はジャーナリスティックな人間じゃないな」と言う。思わず言い返した。「『週刊新潮』を読んでるからって、ジャーナリスティックとは思いません！」。当然落ちた。後がない……。

その反省を踏まえ、文藝春秋の入社試験では、志望書（エントリーシート）の「よく読む雑誌」の欄に堂々と「週間文春」と書いた。「君は『週刊文春』読んでる？」面接官の質問に満面の笑みで「もちろんです！」と答えた。「でも君、週刊文春の『刊』は『間』じゃないよ」――。そんな男が28年後には編集長だ。人生どうなるかわからない。

大切なのは、なにごとも全力でやりきることである。読者のなかには、意に沿わない職場で悶々としている人もいるかもしれないが、それでもその場所で「フルスイング」していれば、かならず仕事はおもしろくなり、突破口が開けるはずだ。やるからには徹底的にやることだ。受け身でなく、前のめりで攻めるべきなのだ。

一度きりの人生。**「フルスイング主義」**で行こう。

［著者］
新谷 学（しんたに・まなぶ）
1964年生まれ。東京都出身。早稲田大学政治経済学部卒業。89年に文藝春秋に入社し、「Number」「マルコポーロ」編集部、「週刊文春」記者・デスク、月刊「文藝春秋」編集部、ノンフィクション局第一部長などを経て、2012年より「週刊文春」編集長。

「週刊文春」編集長の仕事術

2017年3月9日　第1刷発行
2017年4月3日　第3刷発行

著　者――新谷 学
発行所――ダイヤモンド社
〒150-8409　東京都渋谷区神宮前6-12-17
http://www.diamond.co.jp/
電話／03･5778･7234（編集）　03･5778･7240（販売）

ブックデザイン―水戸部功
DTP ―――ニッタプリントサービス
校正・校閲―鷗来堂
製作進行――ダイヤモンド・グラフィック社
印刷――――勇進印刷（本文）・加藤文明社（カバー）
製本――――加藤製本
編集担当――竹村俊介

ISBN 978-4-478-10209-1